국가와 브랜드이미지

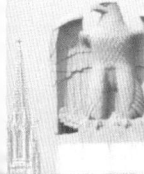

COUNTRY IMAGE

국가와 브랜드이미지

주 경 철 지음

한국학술정보㈜

Contents

제1장 ┃ 서론 / 7

  제1절 연구의 배경 및 목적 ·· 7
    1. 연구의 배경 ·· 7
    2. 연구의 목적 ·· 9
  제2절 연구방법과 범위 ··· 10

제2장 ┃ 이론적 배경 / 13

  제1절 국가 이미지에 대한 이론적 고찰 ···················· 13
    1. 국가 이미지의 개념 및 중요성 ······················· 13
    2. 국가 이미지 관련 기존 연구결과 ···················· 19
  제2절 브랜드 이미지에 관한 고찰 ·························· 27
    1. 브랜드 이미지의 개념 ·································· 27
    2. 브랜드 이미지의 형성요인 ···························· 32
  제3절 구매의사결정에 관한 이론 모형 ···················· 40
    1. 태도 ··· 40
    2. 구매의도 ·· 41
    3. 구매의사결정에 관한 이론 모형 ···················· 43

제3장 ┃ 연구 모형과 가설 / 45

  제1절 연구 모형 및 가설 ·································· 45
    1. 연구 모형 ·· 45
    2. 국가 및 브랜드별 차이 분석 ······················· 47
    3. 가설의 설정 ·· 47
  제2절 변수별 조작적 정의 ·································· 55
    1. 국가 이미지 ·· 55
    2. 국민 이미지 ·· 56

    3. 기능적 이미지 ……………………………………………… 57

    4. 상징적 이미지 ……………………………………………… 57

    5. 태도 …………………………………………………………… 58

    6. 구매의도 …………………………………………………… 58

  제3절 실증분석을 위한 연구방법 ……………………………… 58

    1. 조사대상의 선정 ………………………………………… 58

    2. 자료분석 …………………………………………………… 61

제4장 ┃ 실증분석 / 63

  제1절 기초통계분석 ……………………………………………… 63

    1. 조사 대상자의 일반적 특성 …………………………… 63

    2. 분석대상의 차이 검증 …………………………………… 65

  제2절 신뢰성 및 타당성 검증 ………………………………… 75

  제3절 가설검증 …………………………………………………… 85

    1. 구조방정식에 의한 연구 모형의 평가 ……………… 85

    2. 가설검증 ………………………………………………… 101

제5장 ┃ 결론 / 115

  제1절 연구결과의 요약 및 시사점 …………………………… 115

    1. 연구결과의 요약 ………………………………………… 115

    2. 연구의 시사점 …………………………………………… 119

  제2절 연구의 한계점 및 향후 연구방향 …………………… 120

    1. 연구의 한계점 및 의의 ………………………………… 120

    2. 향후 연구방향 …………………………………………… 122

참고문헌 / 123

제1장
서 론

제1절 연구의 배경 및 목적

1. 연구의 배경

세계시장에서 수많은 외국제품들이 서로 치열하게 경쟁하고 있다. 이것은 소비자가 외국인과 외국제품을 접하는 기회가 많아지고 있고, 외국에 나가지 않고서도 국내 소비생활이나 기타 매체를 통하여서 세계 여러 국가의 제품을 자연스럽게 접할 수 있게 된 것이다. 이처럼 치열한 경쟁 속에서 어떤 국가의 제품은 소비자들에게 상당한 인기가 있는 반면, 다른 국가 제품은 가격과 품질이 적정 수준임에도 불구하고 소비자들에게 인기를 끌지 못해 고전하기도 한다. 많은 연구결과가 소비자들의 구매과정 중에서 제품의 국가 이미지가 중요한 역할을 하기 때문이라는 결론을 제시하고 있다.

국가 이미지는 제품을 생산한 국가에 대한 소비자의 선험적 이미지가 그 제품평가에 영향을 미치는 것을 말한다. 오늘의 세계정세는 국경 없는 전 세계적 시장을 대상으로 한 기업 활동을 가능하게 하고 있다. 이에 따라 더 이상 무역장벽에 의한 자국산업의 보호는 불가능하며, 국내 소비자들은 다양한 품질의 제품에 쉽게 접근하여 자신의 문제를 최선으로 해결해 주는 제품을 선택할 수 있게 되었다.

소비자들이 국제적인 제품을 구입할 때, 국가 이미지 외에 중요한 변수로 영향을 미치는 것이 바로 브랜드 이미지라는 것이다. 다국적 기업들은 자신의 제품을 인식시키기 위하여 많은 투자를 하여 명성을 획득하고자 노력하고 있으며, 이렇게 얻어진 세계적 명성은 기업의 중요한 무형자산으로 간주되고 있다. 세계적인 다국적 기업들의 브랜드는 국경을 뛰어넘어 명성을 얻음으로써 국가 이미지 못지않게 제품구매의 중요한 단서가 되고 있다. 국제화시장에서 소비자의 제품구매 행위에 영향을 미치는 요인은 제품의 국가 이미지, 브랜드 이미지, 소비자의 태도, 구매의도 등 변수가 여러 경로를 통해 영향을 주고 있다.

전 세계의 선진 다국적기업들은 중국을 가장 매력적인 시장으로 여기고, 이곳에 대한 진출을 가속화하고 있다. 이미 전 세계 500대 다국적기업 중 대부분의 기업이 중국현지에 생산거점을 확보하고 있는 것으로 알려지고 있다. 이러한 국제화된 시장은 소비자의 구매환경에 직접적인 변화를 가져왔다. 이렇게 변화되는 환경 속에서 중국 소비자의 구매의사결정에 관한 연구는 아직도 많이 부족한 상황이다.

본 연구는 선행연구 및 실증분석을 결합하여 중국 시장의 진출에 도움이 되는 국가 이미지와 브랜드 이미지가 결합된 중국 소비자의 종합적인 구매의사 결정과정을 제시하고자 한다.

2. 연구의 목적

본 연구는 중국내수시장 진출을 성공적으로 추진하기 위해서는 중국 소비자의 구매의사결정을 이해하는 것이 중요하다고 생각하고, 중국 내에서의 성공적인 마케팅 전략의 수립과 실행을 위하여 중국 소비자의 제품에 대한 구매의사결정행위를 종합적으로 이해하며, 중국에 진출하여 있는 기존 여러 나라의 대표적인 브랜드제품이 중국 소비자에게 지각된 위치와 중국 소비자의 구매행위에 미치는 영향을 파악하고자 한다.

본 연구는 소비자 행동연구에서 널리 알려진 Fishbein의 구매결정 모형에 기초한 구매의사결정 모형으로 USA(Motorola), Germany(Volkswagen), Japan(NEC), Japan(Honda), Korea(Anycall), Korea(Hyundai) 등 주요국 제품들에 대한 중국 소비자들의 구매행위를 비교, 분석하여, 국가 이미지 및 브랜드 이미지가 구매결정과정에 어떻게 작용하는지를 분석하려고 하며 주요국 제품에 대한 중국 소비자들의 지각이 어떻게 차이가 나는지를 살펴보려고 한다. 본 연구의 목적을 구체적으로 제시하면 아래와 같다.

본 연구의 목적은 국가 이미지가 소비자의 제품지각 및 구매의도와 같은 지각된 성과에 어떠한 영향을 주는가를 고찰하는 데 있다. 이를 구체적으로 살펴보면 다음과 같다.

첫째, 국가 이미지에 관한 선행연구를 기초로 하여 국가 이미지의 새로운 차원을 규명하고자 한다. 이를 위해 국가 이미지에 가장 큰 영향을 미치는 것으로 판단되는 제품요인을 포함해서 기업요인, 정부요인, 소비자 지향성 등의 국가 이미지와 관련한 새로운 측정도구를 개발하고 특별히 국민 이미지의 차원을 국가 이미지와 다른 하나의 요인으로 분류하여 국가 이미지와의 상호관계를 연구한다.

둘째, 국가 간의 비교연구를 들 수 있다. 국가 간의 비교연구, 즉 미국, 독일, 일본, 한국에 대한 중국 소비자의 국가 이미지요인, 브랜드 이미지요인에 대한 비교는 중요한 주제가 될 수 있을 것이다.

셋째, 브랜드 이미지를 기능적 이미지와 상징적 이미지를 나누어 국가 이미지의 매개변수로서의 작용 및 태도와 구매의도에 대한 영향을 분석한다.

넷째, 국가 이미지가 브랜드 이미지라는 매개변수를 통하여 태도와 구매의도에 대한 영향과 국가 이미지가 직접적으로 태도와 구매의도에 대한 영향을 분석함으로써 종합적인 구매의사결정을 제시한다.

제2절 연구방법과 범위

이상의 목적을 달성하기 위해 본 연구는 이론 연구와 실증 연구를 병행할 것이며 연구에 도입되는 여러 개념의 정의와 측정방법 및 변수들 간의 관계를 유도하기 위해 문헌연구를 실시할 것이다. 또한 이론 연구의 결과를 기반으로 구성개념들의 정의 및 측정방법을 설정하고, 이들 간의 관계를 연구 모형과 가설로 제시할 것이다.

제1장은 서론 부문으로 연구의 배경, 목적, 방법 및 구성 등이다.
제2장은 이론적 고찰 부문으로 관련문헌을 토대로 국가 이미지, 브랜드 이미지, 태도, 구매의도에 관한 선행연구들을 종합적으로 검토하

였다.

제3장은 실증연구를 위한 가설 설정과 연구 모형, 표본의 추출, 변수별 조작적 정의 등이다.

제4장은 연구 모형에서 제시한 국가 이미지요인이 브랜드 이미지라는 매개변수를 통하여 태도와 구매의도에 어떠한 영향을 미치는지를 실증적 분석을 통하여 도출하고, 그 연구결과의 종합적 논의를 기술하였다.

제5장은 본 연구의 결과를 요약하고 시사점 및 한계점, 향후 연구 방향을 제시하였다.

제2장
이론적 배경

제1절 국가 이미지에 대한 이론적 고찰

1. 국가 이미지의 개념 및 중요성

제품의 국제적 이동이 빈번해지고 또한 오늘날과 같이 사회가 국제화됨에 따라 외국산 제품에 대한 소비자들의 이미지와 제품평가는 마케팅 전략수립에 중요한 정보가 되기 때문에 특정국가 제품에 대해 소비자가 느끼는 이미지를 나타내는 국가 이미지 또는 원산지 효과에 대한 관심이 크게 고조되고 있다.

일반적으로 이미지란 사람이나 사물의 형태를 재생산한 것이나 모방한 것, 실제로는 나타나지 않는 사물에 대한 정신적 현상, 매스미디어를 통해 나타나는 사람, 기관, 국가 등에 관한 일반적 개념 등으로 정의된다. 이미지에는 선입견과 편견의 성격이 내재되어 있음을 주장한 바 있다. 결국 이미지는 인간이 어떤 대상에 대해 갖는 일반적인 관념이라고 볼 수 있다.

국가 이미지에 대한 연구는 Schooler(1965)에 의해 최초로 이루어진 후 지난 40여 년 이상 국제경영, 국제마케팅, 그리고 소비자 행동 관련 문헌에서 광범위하게 연구되어 오고 있다.

Nagashima(1970)는 국가 이미지는 특정 국가제품에 대하여 소비자가 인식하는 심상(Picture), 명성(Reputation), 편견(Stereotype)이라고 정의하고 있으며 그는 미국 실업가와 일본 실업가들에 대한 조사를 바탕으로, 원산지 효과를 특정국가의 제품에 대해서 기업인이나 일반 소비자들이 가지는 심상, 평판으로 정의했으며 국가 이미지는 대표적 제품, 국가특징, 정치적, 경제적 배경, 역사, 전통 등의 변수들에 의해 형성된다고 주장했다. 제품원산지란 전형적으로 'made in －'라는 문구를 통해서 의사소통되는 것으로, 외재적 제품단서(an extrinsic product cue)이며, 일종의 무형적 제품속성으로 물리적인 제품특징인 내재적 속성과는 구별되는 것이며 국가 이미지든 원산지 효과든 이는 모두 다 소비자들이 주관적으로 가지고 있는 지각이라고 할 수 있다. 이것은 제조국의 대표제품, 정치, 경제, 전통 및 문화와 같은 다양한 변수에 의해 형성된다고 하였다.

Roth와 Romeo(1992)는 원산지 효과에 관한 그들의 논문에서 국가 이미지를 제조국의 생산품과 마케팅의 강약에 대한 지각을 바탕으로 특정국가의 제품에 대해 형성하고 있는 전체적인 지각이라고 정의하였으며, Lampert와 Jaffe(1998)는 국가 이미지에 대한 편견은 그 국가의 제품과 브랜드에 대해 소비자가 가지고 있는 개인적 평가로 정의하였다.

Han(1988)의 연구에 의하면 국가 이미지는 소비자들이 특정 국가의 제품에 대해서 지각하고 있는 신념 및 태도로 정의될 수 있다. 결국 국가 이미지는 소비자의 제품평가 및 구매의도에 있어 특정국 제품의 지각된 품질, 즉 국내제품과 외국제품 간의 지각된 품질 차이로 간주될 수 있다. 이와 같은 맥락에서 국가 이미지는 이미지의 개념을 국가에 투사한 것으로, 어떤 국가 또는 그 나라의 사람들에 대해 사람들이 가지는 인지적인 묘사 또는 어떤 국가나 그 나라 국민들에 대해서 사람들이 보통 사실이라고 믿고 있는 것으로 파악되고 있다. 국가 이미지는 어떤 국가를 연상할 때 기억나는 속성들의 집합으로 그 국가에 대한 여러 가지 이미지가 상호 밀접하게 관련되어 나타나는 총체적 이미지를 의미한다. 국제정치학 분야에서는 국가적 이미지를 상대방 국가의 성격이나 특징적 행위에 대한 믿음이라고 정의하고 있다.

Samiee(1994)는 일반 소비재보다는 산업재 구매 시 소비자들은 보다 풍부한 정보와 경험을 토대로 원산지에 관한 지각구조를 형성하며, 원산지단서의 이용도 정서적이 아닌 합리적, 인지적인 것이 된다고 설명하면서 원산지와 제조국(country-of-manufacture)은 제품특징, 성능, 디자인, 마케팅 관점에서 본 국가 이미지의 정의로는 특정 국가의 제품에 대하여 기업인이나 소비자가 부여하는 심상이나 명성 또는 전형성이라고 정의하였으며, 이러한 이미지는 대표적인 제품 국가특성 경제배경 및 역사 전통과 같은 변수들에 의해 강조된다고 하였다.

Zeynep and Durairaj(2000)의 연구에서 국가 이미지(country image)란 제품평가에 영향을 주는 제조업자의 지리적 위치와 관련된 효과를 의미하는 것으로 볼 때 이에 대한 다양한 관점에서의 연구가 이루어져 왔다. 국가 이미지라는 개념은 사실적 정보의 측면에서는 원산지, 원천국, 제조국(country-of-manufacture) 등으로 표현되기도 하며, 효과성과 효용성의 측면에서는 원산지 효과(country-of-origin effect), 원산지 편향(country-of-origin bias), 원천국 관련편향, 국가 고정관념효과(country stereotyping effect) 등으로 표현되기도 한다. 국가 이미지의 효과성과 효용성의 측면에서 표현되고 있는 원산지 효과

(country-of-origin effect)는 제품의 원산지가 소비자들의 제품평가나 구매에 미치는 영향을 말하며 이는 소비자들이 정보나 제품지식이 완벽하지 못하기 때문에 제품자체의 내재적 단서(intrinsic cue)보다는 가격, 브랜드 등과 같은 외재적 단서(extrinsic cue)에 기초하여 제품을 평가하는 경우가 많은데 원산지 효과도 이러한 외재적 정보의 하나로 이해할 수 있다. 또한 국가 원산지 이미지를 외국산 제품에 대해 소비자들이 그 품질을 지각하는 데 있어서의 고정관념 또는 편견, 소비자들이 국가의 생산품과 마케팅의 강약에 대해 이전의 지각을 바탕으로 특정국가의 제품에 대해 형성하는 전체적인 지각으로 정의할 수 있다. 이같이 국가 원산지 이미지에 대한 구성요인들은 연구자마다 약간씩 다르기는 하지만 전반적으로 그 나라의 특성과 연관되어진 정치, 문화, 경제 등 다양한 국가의 환경적인 요소들이 포함되어 있다.

한충민(1998)은 이러한 국가 원산지 이미지는 소비자들의 제품구매행동에 있어 정보단서를 기초로 제품을 평가하는 데 일반적으로 제품의 내재적 정보단서를 쉽게 얻을 수 없거나 충분치 않을 때 외재적 정보단서를 이용하는데 이 경우 국가 이미지가 제품품질지각에 큰 영향을 미친다. 무엇보다도 소비자는 정보신호에 의하여 제품을 평가하고 구매의사결정을 내리게 되는데, 국가 이미지는 일반적으로 소비자들이 제품 그 자체에 대한 내재적 정보신호를 발견하기 어려울 경우 구매의사결정에 중요한 단서로 활용할 수밖에 없게 되는 정보신호의 대표적인 형태로 볼 수 있다. 긍정적인 국가 이미지 구축은 국가경쟁력에 직접 또는 간접적으로 영향을 미친다고 판단된다. 사실 국가경쟁력은 한 국가의 정치·경제·사회·문화 등 다양한 측면이 고려된 장기적 발전능력을 표현하는 개념으로, 긍정적인 국가 이미지의 형성은 국가 사이에 교역·외교·문화·관광 등을 유지하고 발전시키는 데 중요한 역할을 하고 있다.

관광산업에서도 국가 이미지는 관광객들이 여행목적지를 선택하는 데 영향을 미치는 중요한 변인으로 간주된다. 해외여행이 점차 보편화되면서 국가 이미지가 물리적 관광자원이 갖는 한계를 벗어나 더 많은 관광객들을 유인하는 데 효과적인 요소로 작동할 수 있기 때문이다. 그리고 매스미디어도 특정 국가의 이미지를 형성하는 데 중요한 역할을 수행하는 것으로 알려져 있다. 왜냐하면, 매스미디어의 의제설정 기능은 일반 공중의 의견과 태도를 만들어 내는 강력한 수단이 되어 매스미디어가 만들어 낸 국가 이미지가 국제관계에도 영향을 미칠 수 있기 때문이다.

정재영·이봉수(1999)의 연구에 의하면 경제적 측면에서 국가 이미지는 특정 국가에서 제조된 제품의 품질에 관한 일반적인 인식으로 이해된다. 소비자들은 자기가 구매하고자 하는 제품의 품질과 속성에 대해 구체적인 정보가 없을 경우 국가 이미지를 대리지표로 사용하여 제품을 평가하게 된다. 따라서 제조국 또는 원산지에 대한 소비자들의 이미지와 평가는 국제적인 마케팅 전략 수립에 중요한 단서가 된다.

Shlomo 와 Eugene(1998)은 국가 이미지에 대한 이러한 연구들을 종합하여 동태적 관점에서 영향을 미치는 변화를 설명하였다. 이 모델에 의하면 일반적으로 국가 이미지는 최초 제품수용 시 그 영향이 가장 크다. 제품 수용 이전에 국가 이미지는 제품 이미지를 결정하는 중요한 요소가 된다. 즉 국가 이미지가 제품 이미지를 결정하는 중요한 요소가 된다는 것이다. 다음으로 수용층이 점점 더 넓어질수록 국가 이미지의 영향은 줄어들게 되며 브랜드 이미지와 제품유형의 유사성(product type familiarity)의 중요성이 증가하게 된다는 것이다. 따라서 국가 이미지는 해외시장에 최초로 제품이 도입될 때 그 중요성이 가장 크게 나타나므로 최초로 국제시장에 진입하는 기업에게 국가 이미지는 상당히 중요한 변수로 작용하게 된다.

연구자	정의	특징
Nagashima (1977) Wang (1978) Narayana (1981)	소비자들이 지각하는 특정국의 제품과 관련하여 소비자들이 지각하는 국가에 대한 통합적 이미지	경제발전 수준, 민주주의 정도, 문화적 유사성 제품라인과는 관계없음. 경제적, 역사적, 정치적 특성 등 거시적 변수의 영향을 포함하는 국가에 대한 전반적인 지각
Bilkey & Nes (1982) Han (1988)	품질과 관련되어 있는 제품 제조국에 대한 소비자들의 보편화된 지각	제품과 보다 밀접한 관련성을 가짐
Roth & Romeo (1992)	사전에 지각이 형성되어 있는 국가의 생산품과 마케팅의 강점과 약점을 근간으로 한 제품과 국가에 대한 전반적인 지각정도	제품라인과 국가에 대한 전반적인 인식이 중첩되어 있는 개념으로 설명, 국가 이미지에 대한 선행연구들을 종합한 개념
Zeynep & Durairaj (2000)	제품평가에 영향을 주는 제조업자의 지리적 위치와 관련된 영향	국가 이미지의 개념적 범위를 보다 광범위하게 인식하고 있음, 국가 이미지에 미치는 문화적 변수를 고려함
Parameswaran and Pisharodi (2002)	제품차원이 아닌 국가 차원에서의 국가 이미지 개념은 다차원적임	제품수준에서의 국가 이미지와 국가 그 자체의 일반적 이미지를 나누어 접근

Feldman과 Thompson(1993)은 25개의 제조국가들에 대한 연구결과를 정량적으로 분석, 평가하여, 국가 이미지는 소비자의 구매의도 형성에 중요한 영향을 주고 있다는 사실을 발견하였다. 일반 소비재보다는 산업재 구매시소비자들은 보다 풍부한 정보와 경험을 토대로 제조국가에 관한 지각구조를 형성하며 외국제품에 대한 국가 단서는 정서적이 아닌 합리적, 인지적인 것이 이용되며 원산지와 제조국은 제품특징, 성능, 디자인, 미학, 품격, 가격 등의 소비자의 제품지각과 구매의도에 매우 다양하고 광범위하게 영향을 미친다고 주장한다. Zeynep and Durairaj(2000)은 국가 이미지는 소비자 구매의사결정과정과 밀접한

관련성이 있는 것으로 나타났으며 Roth and Romeo(1992), Cordell (1992), Papadopoulos and Bamossy(1990)은 국가 이미지가 긍정적일수록 제품평가에 긍정적인 영향을 미치며 구매의도에도 긍정적인 영향을 주게 된다는 연구결과가 있었다.

이상에서 살펴본 바와 같이 국가 이미지란 소비자의 제품평가 시 중요한 단서로 작용하게 되며 제품태도 및 구매의도 형성에 있어서 인지적 요인으로 중요한 기능을 한다고 요약할 수 있으며, 소비자들의 제품평가 및 구매의도 형성에 관련한 대부분의 선행연구들은 국가 이미지의 영향을 지지하는 것으로 나타나고 있다.

2. 국가 이미지 관련 기존 연구결과

Bilkey and Nes(1982)는 이러한 국가 이미지에 대한 초기 연구들을 종합하여 국가 이미지가 대체로 실제 소비자들의 제품품질 지각에 영향을 미치는 것으로 결론짓고, 향후 연구 방향으로 국가 이미지에 대한 이론적 설명, 국가 이미지 선행변수들의 규명, 국가 이미지 이외의 다른 정보신호들과의 상대적 중요성의 분석 등을 제시하였다. 국가 이미지가 소비자의 제품품질 지각 및 구매의사결정에 미치는 영향에 관한 연구를 활성화시키는 계기로 작용하였다.

Peterson and Jolibert(1995)는 국가 이미지에 대한 초기의 연구들은 대부분 국가 이미지 효과의 존재 여부를 밝히는 데 초점이 맞추어졌고, 그 결과 국가 이미지 효과는 국가별로, 제품별로, 그리고 산업재 구매자 및 소비재 소비자 등에서 고루 존재하는 것으로 밝혀졌다.

국제마케팅에서 국가 이미지와 그 영향과 관련된 기존의 발견내용들을 정리하여 보면 다음과 같이 나타낼 수 있다.

<표 2-2> 국가 이미지 관련 기존 연구결과 요약

주요 발견내용	지지 연구	반대 연구
일반적으로 소비자들은 특정국 제품을 선호	Schooler(1966.1971), Hampton(1977), Jolibert(1978), Schooler and Sunoo(1979), White(1979), Cattin et al.(1982), Papadapoulos et al.(1987)	Gaedeke(73), Johansson et al.(85), Ettenson et al.(88)
특정국 제품에 대한 선호도는 특정국의 경제발전수준과 관련	Gaedeke(1973), Kaynak and Cavusgil(1983), Hallen and Johansson(1985), Lumpkin and Crawford(1985)	Schooler and Sunoo(69), Schooler(71), Bannister and Saunders(78)
소비자들은 국가 이미지 정보에 상이한 반응	Stephens et al.(1985), Papadapoulos et al.(1987)	
소비자들은 자국산 제품을 선호하는 경향이 있다	Reierson(1966), Gaedeke(1973), Lillis and Narayama(1974), Baumartner and Jolibert(1978), Krishnakumar(1974), Cattin et al.(1982), Lumpkin et al.(1985)	Nagashima(77), Hester and Yuen(87), Daser and Meric(87)
자민족 중심집단은 자국산 제품을 선호	Wang(1978), Shimp and Sharma(1987), Han and Terpstra(1988)	
애국심은 국가 이미지의 지각을 강화, 그러나 상표선택에는 영향 안 미침	Daser and Meric(1987), Helster and Yuen(1987)	Han(88)
제품별 국가 이미지는 상이	Reierson(1966), Nagashima(1970, 1977), Gaedeke(1973), Bannister and Saunders(1978), Chasin and Jaffe(1979), Festervand et al.(1985), Lumpkin et al.(1985), Wall and Heslop(1986)	
친숙제품일수록 국가 이미지 영향은 증대	Johansson et al.(1985), Heimbach et al.(1989)	Erickson et al.(84), Hong and Toner(89), Tse and Gorn(93), Cordell(92)
소비자의 제품품질 지각은 단일국적 상품과 이중국적 상품에서 상이	Han and Terpstra(1988)	
적절한 마케팅 전략은 국가 이미지 효과를 변화	Reierson(1967), Schooler et al.(1987)	

주요 발견내용	지지 연구	반대 연구
적절한 마케팅 전략은 국가 이미지 효과를 변화	Reierson(1967), Schooler et al.(1987)	
국가 이미지 정보는 시간의 경과에 따라 변화	Nagashima(1970, 1977), Darling(1987, Darling and Wood(1990)	
소비자들은 국가 이미지를 인식, 고려하지 않음	Hugstad and Durr(1986), Hester and Yuen(1987)	
제품평가에 영향을 주는 제조업자의 지리적 위치와 관련된 효과를 의미하는 것	Zeynep and Durairaj(2000), Erdener et al.(2000)	
국가 차원에서 국가 이미지를 다차원적으로 접근	Mort and Han(2000), Parameswaran and Pisharodi (2002)	대다수 연구가 현재 국가 이미지 효과를 지지

이상의 연구결과들에서도 살펴볼 수 있는 바와 같이 많은 연구자들이 국가 이미지가 제품품질 지각 및 소비자 구매의사결정에 일정한 영향을 미친다는 사실에 동의하고 있다. 그러나 현재의 국가 이미지의 효과에 대한 기존 연구들이 지니고 있는 한계점에 대해 다시 한번 검토해 볼 필요가 있으며, 특히 시장의 세계화 이행에 따른 시장환경의 변화로 국가 이미지 효과에 대한 기존 연구결과들을 재해석해 볼 필요성을 제기하는 것이다.

Jean(2003)의 연구에 의하면 원산지에 관한 연구는 1966~2001년까지 35년 동안 300편 이상의 연구논문들이 소개되었으며 각종 컨퍼런스에 보고된 것을 포함하면 1000여 편이 넘는다. 이들 논문들은 대부분이 실증적 연구에 기반을 두고 있으며 연구목적은 원산지 이미지가 소비자의 구매태도와 마케팅 및 글로벌생산전략이 얼마나 불일치하는가를 탐색하는 것이며 국가별 이미지, 제품군, 인구통계학적 특성, 국민성 등에 따른 소비자의 태도조사를 다루고 있다.

지금까지 국가 이미지와 관련한 연구결과물로부터 정리한 국가 이미지 구성요인과 본 연구에서 참고한 국가 이미지 요인은 다음과 같다.

<표 2 - 3> 국가 이미지의 구성요인

연구자	국가 이미지 구성요인
Nagashima(1970)	제품, 국가특성, 경제환경, 정치환경, 역사, 전통
Wang(1987)	위락시설의 이용가능성, 역사·문화 관광대상, 경관과 환경, 국민의 친절성, 적정 숙박시설의 이용가능성, 국내 교통수단의 이용가능성, 요리, 기후, 쇼핑, 오락
전계성(1987)	쇼핑기회의 인식, 한국인에 대한 전반적인 인식, 안전과 보안에 대한 인식, 아름다운 경관, 역사와 문화매력물, 일반적 관광시설과 여건, 한국에 대한 일반적 태도
Peabody(1988)	외국으로의 여행경험, 문헌과 매체의 접촉도, 특정국가의 대외정책, 주변인들의 영향
Bojanic(1991)	상하의 목적지, 아름다운 건축물, 지루한 장소, 아름다운 해변, 색다른 음식, 부정직한 주민, 미국화폐의 가치, 흥미로운 도시, 안전성, 할인쇼핑, 야간활동, 국가의 부유수준, 도로사정, 유럽관광객수, 숙박시설, 주민의 환대성, 언어소통, 역사적 유적, 미국인에 대한 호감도
Fakeye & Crompton(1991)	사회적 기회와 매력물, 자연적/문화적 쾌적함, 숙박과 교통시설, 하부구조/음식과 친절한 사람, 물리적 쾌적함과 레크레이션활동, 야간 오락커뮤니케이션
Echtner & Ritchie(1991)	자연체험, 휴양환경, 편안함, 여행편리성, 경제적 요인, 문화적 접촉, 각종 활동과 볼거리, 언어소통가능성
Martin & Eroglu(1993)	경제성장, 민주화수준, 대량생산능력, 시민정부, 산업화정도, 노동비용, 문맹률, 시장자유화수준, 복지수준, 경제안정성, 농산물의 자급도, 제품의 질, 삶의 수준, 기술적 연구수준
Shin(1993)	경제적 발전정도, 문화적 유사성, 정치상황, 미국과의 동맹관계
한충민(1993)	문화발전정도, 역사와 전통, 산업화 정도, 부유한 정도, 민주화정도, 사회적 안정성, 국민의 근면성, 국민의 교육수준
이태희 & 박기홍(1994)	경관, 쇼핑, 역사·문화 매력물, 숙박시설, 레크레이션 기회, 접근성, 야간관광, 서비스질, 물가수준, 신변안전, 식음료
조광익(1997)	쾌적성, 식기성, 접근성, 숙박시설, 활동성, 비용, 매력성
엄서호(1998)	이국적 체험, 여행편리성, 문화적 접촉, 도시체험, 여행비용, 친근감
염성원(2003)	문화적 발전-낙후, 민주-비민주, 안전-위험, 우호적-호전적, 좋아함-싫어함, 교육수준 높음-낮음, 공손한-비공손한 국민, 산업화-비산업화, 부유-빈곤, 생활수준 높음-낮음, 깨끗한-지저분한, 좋은 국가-나쁜 국가, 검소한-낭비하는 국민, 정직한-부정직한 국민
안종석 (2005)	부유한, 경제적, 생활여건, 민주적, 국제문제에 참여도, 우호적, 협력국, 호감

1) 제품특성을 중심으로 한 연구

Etzel와 Waller(1974)는 독일과 일본의 여러 제품에 대한 미국 소비자들의 평가를 조사한 결과 특정국의 일반적인 제품에 대한 이미지가 유의한 차이가 있음을 발견하였다. 이 연구의 연구자들은 이러한 유의한 차이를 소비자들의 외국제품에 대한 오랜 경험 및 각국의 기술차이에 대한 인식 때문인 것으로 추정하였다.

W. J. Bilkey, and E. Nes(1982) 대부분의 기존 연구들에 의하면 원산지 효과는 제품에 따라 다르게 나타난다. 예를 들어 호주 소비자들은 미국산 컴퓨터, 일본산 자동차, 독일산 식기세척기 등을 높게 평가하는 반면, 외국산 타이어, 신발, 잼 등은 낮게 평가했다.

Johansson, Douglas(1985)는 제품평가에 있어서 원산지 효과를 조사하는 새로운 방법론적 접근을 제안하였다. 이 방법론은 제품에 대한 원산지뿐만 아니라 다른 속성들의 영향을 고려할 수도 있고, 제품군에 대한 친숙감은 지식을 고려할 수 있다는 다속성 태도모델 형태를 취하였다. 연구결과, 미국, 일본 독일 자동차에 관한 전반적인 평점이 후광효과로서 개별속성에 정(positive)의 영향을 미치는 것으로 나타났다. 따라서 원산지는 자동차의 여러 제품속성별로 다른 영향을 주며, 원산지에 근거하여 일관성 있게 부정적이거나 긍정적인 고정관념을 반영하는 것은 아니라는 것을 증명하였다.

소비자의 제품관여도와 관련한 Tse(1996) 등의 연구에서는 TV를 고관여 제품으로 설정하고 원산지가 TV 구매태도에 미치는 영향을 연구했다. 연구대상 국가로 홍콩, 독일, 일본, 한국을 선정하고 TV제품의 구매태도에 원산지 이미지가 작용하는지를 분석한 결과, 원산지 효과는 고관여 제품이 구매태도에 영향을 미치는 것으로 나타났다.

즉 제품관여의 수준이 높을수록 원산지 효과 및 제품구매태도에 영향이 크다는 것을 발견하였다.

2) 제조국가 특성을 중심으로 한 연구

Nagashima(1970)는 외국상품에 대해 소비자가 갖는 이미지가 국가에 따라 다르며, 또 국가별 상품에 따라서도 다를 것이라는 전제하에서 미국, 일본, 영국, 프랑스, 서독, 이태리의 전반적 제품에 대한 이미지를 미국과 일본의 기업인들을 대상으로 조사하였다. 연구결과 각 나라의 제품 이미지가 서로 다른 것을 발견하였으며, 이는 또 미국인과 일본인에 따라 서도 다른 것을 발견하였다. 이러한 결과에 대한 그 이유가 각 국가의 특성과 그 나라의 대표적인 제품 때문일 것이라고 해석하였다.

Wang(1978)은 미국인들을 대상으로 조사한 제조국가 이미지 연구를 통해 제품 제조국의 정치적, 경제적, 발전정도와 문화적 유사성이 제품평가에 영향을 미친다는 결과를 발표하였다. 그는 정치적으로 불안하다든지 인권이 탄압을 받고 있다든지 혹은 독재국가라든지 하는 소위 정치후진국의 제품에 대해 소비자들은 부정적인 태도를 지니고 있다고 하였다.

Cattin, Jolibert 및 Lohnes(1982)는 Nagashima의 설문과 같은 20개의 문항에 대해서 영국, 프랑스, 서독, 일본에서 만든 제품을 미국과 프랑스 양국의 산업재 구매담당자로 하여금 평가하도록 하였다. 그 결과 영국산에 대해 프랑스 응답자가 호의적으로 지각한 반면, 일본산과 서독산 제품에 대해서는 프랑스인보다 미국인이 더 호의적으로 지각한 것으로 나타나 이 연구에서도 원산지 효과는 외국제품에 대한 전반적인 태도나 평가에 영향을 미친다는 결론을 내렸다.

Erickson, Johansson 및 Chao(1984)는 원산지가 제품에 대한 신념과 태도의 형성에 미치는 영향을 자동차에 대해서 조사했다. 이 연구에서 그들은 자동차를 평가하는 데 이용될 수 있는 여러 속성에 관해 조사한 결과, 원산지가 소비자의 추론을 통해 신념에 영향을 미치고 태도에 대해서는 직접적이지는 않지만 신념을 통해 간접적으로 소비자의 제품평가에 영향을 미치는 것으로 나타났다.

Clark(1990)는 그의 연구를 통하여 국가 이미지는 문화적 요인과 개인적 요인이라는 국가특성에 의하여 형성된다고 밝히고 있다. 여기서 그는 국가특성을 해당국가의 국민들이 가지고 있는 지속적인 개성적 특징이라고 정의하였다. 또한 그는 국가특성으로 구성된 국가 이미지가 기업의 전략적 의사결정과 소비자의 의사결정에 영향을 미친다고 지적하였다. 이는 국가특성 혹은 환경적 요인이 소비자의 제품평가, 태도 및 품질지각에 영향을 줄 수 있다는 기존의 연구결과와 일치하는 것이다.

Crawford와 Lumpkin(1993)은 유사한 환경에 있는 국가들 제품 간에는 소비자의 구매의도에 차이가 없어야 한다는 전제하에 45개국을 경제, 정치, 문화에 따라 다섯 집단으로 분류한 뒤 미국소비자들을 대상으로 이들 국가제품에 대한 구매의도를 분석하였다. 그 결과 각 집단 내에 있는 국가들 사이에는 구매의도에 큰 차이가 없는 반면 집단 간에는 유의적 차이가 있는 것을 발견하였다.

Maheswaran(1994)의 주장으로는 국가 이미지는 기업의 마케팅노력을 넘어서는 우월한 개념이며 강력한 개념이다. 제조하는 특정 국가에 대한 지식에 의해 소비자의 지각과 제품 평가가 어떻게 형성되는가가 연구의 중심을 이루고 있다. 제품에 대한 정보가 모호하지 않을 경우, 전문적인 지식을 가진 소비자들은 제공되는 정보에 의존하지만,

지식이 없는 소비자는 국가 이미지에 의존한다. 반면 소비자에게 제공되는 제품에 대한 정보가 모호할 경우, 전문적인 지식을 가진 소비자와 그렇지 못한 소비자가 모두 국가 이미지에 의존하는 경향이 있다는 것이다.

Keown and Casey(1995)의 주장을 따르면 소비자는 제품 평가 시 내재적 단서(맛, 내구성, 디자인 등)와 외재적 단서(가격, 브랜드 명, 서비스)에 기반을 둔다. 예를 들면, 국가 이미지는 포도주나 담배 등을 선정할 때 가장 중요한 단일 요인으로 고려된다는 것이다. 즉 기업의 마케팅 노력과는 관계없이 특정제품에 대해 소비자들은 제조국의 국가 특성이 가장 중요한 선택요인으로 작용한다는 것이다.

3) 국민특성을 중심으로 한 연구

원산지 효과에 영향을 미치는 소비자 특성변수로는 성별, 연령, 교육수준, 소득수준 그리고 애국심, 보수주의, 자유주의 성향, 민족주의와 국제주의 성향, 독단성과 유연성 등을 들 수 있다.

Tongberg(1972)는 독단성이 높은 사람일지라도 외국제품이 문화적으로 유사한 국가에서 제조된 제품에 대해서 호의적인 태도를 가진다고 주장했고, 민족주의적 감정이 태도와 구매의도에 중요한 영향을 미친다고 주장하였다.

Anderson과 Cunninghan(1972) 그리고 Wang(1978)은 보수주의 성향이 강할수록 외국제품에 비호의적인 태도를 보이며, 반대로 보수주의적 성향이 약할수록 외국제품에 호의적인 태도를 갖고 있음을 밝혀내었다.

Wang(1978)은 나이, 성별, 인종, 소득, 직업, 학력, 정치 성향 등의 인구통계학적 특성들에 따라 특정국가 상품에 대한 선호도가 차이가 나는지를 연구한 결과 차이가 있음을 발견하였다. 인구통계학적 여러 변수들 중 일반적으로 나이와 교육적 변수들이 외국제품 수용과 관련되는 것으로 발견되어 왔다. 즉 소비자의 나이가 어릴수록 교육수준이 높을수록 외국제품에 대해 더 긍정적인 태도를 보여 주는 것으로 나타났다.

Wall과 Heslop(1991)은 국산품과 수입품에 관한 캐나다 소비자 태도가 인구통계학의 변수에 따라 매우 다양성을 보인다고 지적하였다. 즉 여성들이 남성들보다 국산품에 더 긍정적 태도를 보이며 교육수준이 높고, 고소득이고 경영층에 종사하는 사람들이 수입품을 더 선호하는 것으로 나타났다. 인구통계학적 특성들 중에 일반적으로 소비자의 연령과 교육정도가 다른 특성에 비해 외국제품을 선호하는 것으로 보고되어 왔다. 특히 소비자의 연령이 어릴수록, 교육수준이 높을수록, 외국제품에 대해 더 긍정적인 태도를 보여 주는 것으로 나타났다.

제2절 브랜드 이미지에 관한 고찰

1. 브랜드 이미지의 개념

Macneal(1974)은 브랜드 이미지의 형성요인은 개인의 개성에 내재되어 있고 제품의 화학적 성분이나 형태에 관한 느낌이며, 그것의 내재적 품질에 대한 실제적, 관념적인 느낌이며 사용하는 사람의 신분이나 제품의 사용이 의도된 환경, 자기과시를 위한 자기 자신에 대한 이상적 관념 등이 브랜드 이미지를 형성한다고 보았다. 이러한 브랜드 이미지는 본질적으로 정서적인 것뿐만 아니라 신념에도 영향을 미치게 되어 물리적 특성보다는 이미지가 소비자의 추론을 통해 브랜드 이미지가 신념에 영향을 주어 구매태도에 영향력을 주게 된다.

Sproles(1980) 등은 브랜드가 정보탐색과 의사결정 시 소비자 결정에 중요한 구매기준으로 바람직한 상품에 대한 대리지표로 인식됨을 밝혔다. 즉 특별한 선택을 위한 구매의도와 소비자 선호를 최후로 결정해 주는 정보로 이용된다고 하였는데, 정보탐색을 위한 이미지의 형성은 시간이 경과함에 따라 여러 원천들로부터 정보처리를 통해 형성되는 자연적인 과정이다.

Kotler(1983) 브랜드 이미지는 브랜드에 대해 소비자가 갖는 신념의 집합으로 여기고 Station(1988)는 브랜드는 브랜드가 가지는 개성이고 브랜드 이미지를 결정하는 브랜드의 내외적인 특성으로 생각하며 Rcynolds·Gutman(1984)는 지각되는 대상과 대상이 물리적인 인식단계에서 점차 하나의 가치를 가지고 추상적인 인식단계로 전화하면서 형성되는 것으로 보고 있다.

Reynolds와 Gutman(1984)은 브랜드 이미지를 물리적 제품속성이 점차 추상화되어 소비자의 물리적 구조에 하나의 가치로 변화된 것이라고 하였다.

Zeithaml(1988)는 브랜드 이미지란 기업이 제공하는 객관적인 사실로서가 아니라 소비자가 주관적으로 지각하는 사실로서의 제품의 브랜드에 대해 형성된 이미지라고 하였다.

Assael(1992)에 의하면 브랜드 이미지는 브랜드에 대한 총체적인 지각이며 과거의 경험과 브랜드에 대한 정보로부터 형성되고, 브랜드 태도와 관련되기 때문에 소비자는 긍정적인 이미지를 주는 브랜드를 더 자주 구매한다고 하였다.

Kevin Lane Keller(1993)는 브랜드 이미지는 소비자가 그 브랜드에 대해 갖는 전체적인 인상을 말하는데, 이러한 브랜드 이미지는 브랜드와 관련된 여러 연상들이 결합되어 형성된다고 할 수 있다.

Ettenson(1993)의 연구에서는 소비자는 제품에 대한 명성과 구매의사결정에서 리스크를 줄이기 위한 이유로 잘 알려지지 않은 브랜드보다는 잘 알려진 브랜드를 선호한다고 하였으며, 브랜드에 대한 인지는 소비자가 브랜드제품을 선택하는 데 있어 선호와 신뢰를 주는 데 기여하고 브랜드에 대한 연상은 기업의 함축된 명성, 품질, 제품보증 등에 의해 제품신뢰의 근원을 제공한다고 하였다.

한편 Alexandar L Biel(1993)에 따르면 브랜드 이미지는 소비자가 브랜드 이름과 연결시키는 속성과 연상의 묶음(cluster)이라고 할 수 있다. 그는 지금의 사람들은 브랜드경치(brand scape) 시대에 살고 있어서 실제로 내가 사용하고 있는 브랜드를 통해 사람들은 나에 관한 그림(mental picture)을 그릴 수도 있고, 내가 누구인지 정의하는 데 도움을 준다고 말한다. 또한 그에 따르면 이미지가 불러일으키는 연상은 하드(hard)한 연상과 소프트(soft)한 연상으로 나눌 수 있는데 기술적 발전이 급속히 진행됨에 따라 기능적인 차이는 곧 무마되고 만다는 점에서 브랜드 개성 같은 브랜드 이미지의 소프트(soft)한 속성들이 더욱 중요해지고 있다고 말한다. 결국 브랜드에 대한 지각(perception)은 소비자의 행동에 영향을 미치고 브랜드 자산으로 형상화된다. 그는 브랜드 이미지에는 3가지 요소로 구성되어 있는데 첫째, 상품·서비스 공급자 또는 기업의 이미지 둘째, 사용자의 이미지 셋째, 상품·서비스 자체의 이미지로 구성되며, 이들은 브랜드 사용자에게로 전이된다.

Kevin. Lane Keller(1998)의 연구를 보면 기업이 브랜드 이미지를 창출해 내는 데 이용할 수 있는 브랜드 연상의 종류를 크게 속성차원과 편익차원 그리고 태도차원으로 나누어 구별하였다. 속성(attributes)

이란 제품이나 서비스를 특징짓는 일련의 기술적인 특성들을 가리키는데, 그는 이를 다시 제품 관련 속성(product‐related attributes)과 제품 비관련 속성(non‐product related attributes)으로 구분하였다. 먼저, 제품 관련 속성은 소비자들이 본질적으로 필요한 기능의 수행과 직접적으로 관련된 속성이고, 제품 비관련 속성은 소비자들이 본질적으로 필요한 기능의 수행과 직접적인 관련이 없는 속성을 말한다. 제품 비관련 속성에는 가격정보, 포장 또는 제품의 외관(Appearance)에 관한 정보, 사용자 이미지 등이 포함되어 있다. 이러한 속성에 관한 브랜드 연상은 브랜드 성격(Brand Personality)의 측면에서 브랜드 이미지 형성에 막대한 영향을 끼친다. 한편 Keller가 말하는 편익(benefits)은 소비자가 제품이나 서비스의 속성에 개인적인 가치로서 이러한 가치에 연결되는 동기에 따라 기능적(functional), 경험적(experiential), 상징적(symbolic) 편익 등으로 나누어 구별하고 있다. 기능적 편익은 제품과 관련한 속성에 해당하는 본연적인 혜택으로 이와 관련되는 동기는 심리적 동기나, 안전에의 욕구, 그리고 문제해결이나 회피와 관련된 동기 등이 있다. 경험적 편익은 제품과 관련된 속성으로 제품이나 서비스를 사용하면서 느끼는 쾌감(sensory pleasure)을 일컫는다. 이러한 편익을 통해 기업은 소비자들에게 감각적인 즐거움이나, 다양성, 인식영역의 자극에 대한 욕구들을 충족시킬 수 있다. 한편 Keller가 말하는 편익(benefits)은 소비자가 제품이나 서비스의 속성에 개인적인 가치로 이러한 가치에 연결되는 동기에 따라 기능적(functional), 경험적(experiential), 상징적(symbolic) 편익 등으로 나누어 구별하고 있다. 상징적 편익은 다른 편익과는 달리 비제품적인 특성과 관련된 편익으로 사회적인 요인 혹은 개인적 표현, 그리고 외부 지향적 자존심 등과 관련된 욕구를 충족시키는 기능을 가리킨다. 상징적 편익은 소비자들이 특정집단의 구성원으로부터 인정받고, 자아 이미지를 증대시키려는 욕구를 가지고 있다. 그들은 특정한 브랜드를 구매하고 소비함으로써 자신에 관한 것을 다른 사람에게 표현하고 싶은 욕구를 충족시키려는 경향이 있다. 즉 소비자는 자신의 이미지를 다른 사람들에게 전달하는 데 있어 그 브랜드의 상징적 이미지를 수단으로 이용하는 것이다.

<표 2-4> 브랜드 이미지에 관한 정의

인물	내용
Gadner 와 Levy(1955)	브랜드의 개성을 반영하는 기능적 가치와 비기능적 가치를 지니고 있는 것을 의미
Tucker(1957)	소비자가 상품에 대해 가지는 태도나 의미
Newman(1957)	소비자들이 특정 브랜드에 대해 연상을 가지는 모든 것으로 구성
Dunn(1961)	소비자들이 특정 브랜드와 관련하는 모든 감정적, 심미적 품질로 브랜드가 투사하는 개성
Oxenfeldt(1974)	브랜드가 가지는 특성에 대하여 개인이 이를 그의 기억 속에 어떤 의미로 저장하였다가 그 브랜드가 직·간접으로 제시되면 그에 대한 의미가 상품의 특성과 결합되는 것.
Herzog(1979)	소비자가 많은 정보원으로부터 받은 인상들의 총합으로서 소비대중과 유사한 일종의 브랜드 인격에 상당
Tucker(1980)	브랜드에 대해 소비자가 가지는 주관적 의미
Martineau(1980)	그 제품을 구성하는 소비자의 개성의 상징으로 태도의 총합이며 심리적 의미의 후광 느낌의 집합 실체적인 물리적 품질에 대하여 잊을 수 없게 각인된 심미적인 메시지
Kotler(1983)	브랜드 이미지는 브랜드에 대해 소비자가 갖는 신념의 집합
Rcynolds·Gutman (1984)	지각되는 대상과 대상이 물리적인 인식단계에서 점차 하나의 가치를 가지고 추상적인 인식단계로 전환하면서 형성되는 것
Station(1988)	브랜드 가치는 개성이고 브랜드 이미지를 결정하는 브랜드의 내외적인 특성
Oxenfelt(1985)	브랜드가 가지는 특성에 대하여 소비자가 이를 기억 속에 어떤 의미로 저장하였다가 그 브랜드가 직·간접적으로 제시되면서 그에 대한 의미가 상품의 특성과 결합하여 형성되는 것
Dichter(1985)	개인적 성격이 질을 표사하는 것이 아니라 실체가 다른 사람들의 마음에서 만들어 내는 총체적인 인상
Oxenfelt(1985)	브랜드가 가지는 특성에 대하여 소비자가 이를 기억 속에 어떤 의미로 저장하였다가 그 브랜드가 직·간접적으로 제시되면서 그에 대한 의미가 상품의 특성과 결합하여 형성되는 것

<표 2-4> 브랜드 이미지에 관한 정의

인물	내용
Synder · Debono(1985)	전형적으로 상품의 사용과 연상되는 이미지에 호소하는 광고와 사람이 그 상품을 사용함으로써 투사할 수 있는 이미지를 창출
Gardner, Levy(1986)	소비자가 브랜드에 대하여 가지고 있는 생각 느낌 그리고 태도의 집합으로 제품의 사회적 및 심리적 성질을 의미한 다. 이것은 브랜드의 전반적인 형성을 구축하는 데 있어 여러 가지 기술적인 측면보다 제품의 특징 또는 개성이 더 중요하다.
Runyon · Stward(1987)	특정 상품의 위치는 만약 상품이 존재하지 않는다면 브랜드개념 혹은 상품으로서 언급되어지며 만약 상품이 존재한다면 브랜드 이미지로 언급되어진다.
Mark(1990)	브랜드에 대한 전체의 상이 복합적으로 지각되는 것
Dobni · Zinkhan(1993)	브랜드 이미지에 대해서 총체적인 인상의 합으로 보고 상징성 · 심리적 구성요소를 강조하여 정의를 내림
Friedmann, Lessing(1995)	소비자가 제품을 이해하고 있는 내용임과 동시에 소비자의 제품에 대한 평가인 것이다.
노장오(1997)	특정 브랜드가 소비자의 감각기관을 통해 받아들여져서 해석되는 어떤 의미를 말한다. 이는 상품이 실제로 어떠한가와는 별도로 사람들의 마음속에 형성된 상으로서 감정 태도 연상 등이 모두 포함된 복합적 개념이다.
Durgee · Strart(1999)	제품과 브랜드가 가지는 의미의 측면을 제품이나 브랜드와 관련된 핵심 의미의 복합체로 정의

2. 브랜드 이미지의 형성요인

Oxenfeldt(1974)는 이미지를 대상의 특성과 느낌 및 정서 간의 결합으로 보고 브랜드 이미지를 브랜드가 가지는 특성에 대하여 개인이 이를 그의 기억 속에 어떤 의미로 저장하였다가 그 브랜드가 직·간접적으로 제시될 때 그것에 대한 의미가 상품의 특성과 결합되어 형성되는 것으로 보았다.

Kotler(1983)는 브랜드와 관련하여 이미지를 신념의 집합(a set of belief)으로 보면서 브랜드 이미지를 브랜드에 대해 소비자가 갖는 신념의 집합으로 파악하고 이러한 신념의 집합은 브랜드의 특성에 대해 소비자가 느끼는 평가의 합으로 표시될 수 있다고 하였다.

Dobni와 Zinkhan(1990) 이러한 이제까지 정의된 상표 이미지를 첫째, 총체적인 인상(Total Impression) 또는 총체적인 인상의 합(Sum of Total Impression) 등 단순하면서도 포괄적인 정의와 상징성의 강조, 의미와 메시지를 강조하는 정의, 개성을 강조하는 정의, 마지막으로 느낌, 태도와 같은 인지적 혹은 심리적 구성요소를 강조하는 정의와 같은 다섯 가지 범주로 분류하고 있다.

이학식(1998)의 연구에 의하면 브랜드 이미지는 소비자 그 브랜드에 대해 갖는 전체적인 인상을 말하는데, 이러한 브랜드 이미지는 브랜드와 관련된 여러 연상들이 결합되어 형성된다. 소비자의 기억 속에는 특정 브랜드를 중심으로 하여 이 브랜드와 관련된 다양한 연상들이 그물처럼 연결되어 있다. 특정 브랜드와 관련된 연상들은 크게 제품 속성과 관련된 연상들(예를 들어 제품범주, 유형적 제품속성, 지각된 품질 등)과 이와 직접적인 관련이 없는 연상들(사용자, 제품용도, 원산지, 기업특성 등)로 구성된다.

브랜드 이미지 형성요인은 제품의 품질, 제공되는 서비스, 기업의 명성, 정책, 마케팅 노력과 함께 제품의 내재적 품질과 관련된 디자인 색상, 포장, 가격, 광고, 그 제품을 사용하는 소비자의 유형, 판매자, 제조업자의 유형 등도 포함되며, 제품을 사용함으로써 자기를 과시하고자 하는 자기 자신에 대한 관념 등에 이르기까지 매우 다양한데 이를 보면 다음과 같다.

첫째, 제품의 디자인으로 디자인과 스타일은 제품의 외관을 구성하는 형상, 모양, 색채 등으로 구성되는 것으로 주로 시각적 효과를 위한 것이다.

둘째, 품질로서 품질은 총체적 제품이 소비자 욕구를 충족해 주는 성질내지 안정성, 경제성 등과 같은 성능을 말하며 품질에는 제품의 사용목적에 비추어 제품이 가지는 유용성으로 자연적 품질과 제품이 시장에서 상품으로서의 가치나 시장성과 관련하여 상품성을 높여 주는 요인으로서 사회적 품질이 있다.

셋째, 브랜드 네임과 가격이다. 브랜드 네임은 브랜드 이미지가 소비자와의 의사소통하는 유일한 통로이며 소비자에게 있어 브랜드 네임에 의한 일단의 연상들은 감정과 정서가 포함된 브랜드 지식의 축적인 것이다. 소비자는 브랜드 네임을 통하여 다양한 추론을 시작하며, 이는 브랜드 선호와 기억, 그리고 태도에 지대한 영향을 미친다. 가격으로 가격은 품질과 더불어 전통적으로 소비자가 구매결정에 영향을 미치며 실제적으로 회사가 책정한 가격 내에서 구매하는 한정적 의미도 있지만 가격은 제품의 가치를 측정하는 데 중요한 수단이다.

Ahmed와 d'Astous(1995)는 원산지에 대한 부정적 이미지는 브랜드 명성에 의해 상쇄될 수 있다고 주장한다. 홍콩에서 만든 소니 제품의 이미지는 낮아지겠지만 여전히 소니 제품이다. 그러나 브랜드의 명성이 원산지에 대한 부정적 인식을 상쇄시킬 수는 있을지 모르지만 소비자는 가격할인에 대한 기대감은 갖고 있다. 명성이 높은 브랜드 네임은 제품평가에 대한 부정적 영향은 상쇄시킬지 모르지만 가격에 대해서는 그렇지 못하다는 것이다.

<표 2 - 5> 브랜드 이미지 형성요소

연구자	형성요소
Kirkpatrick(1964)	디자인 색상 포장 가격 광고 그 제품을 구매하는 소비자의 종류 판매점 및 제조업자의 종류
Rodger(1966)	상품의 물리적 성분이나 형태에 대한 느낌 상품의 내재적 품질에 대한 느낌 상품사용자의 신분 상품사용이 의도된 환경상품사용에 따른 자기과시의 이상적인 관념
Boyd · Newman (1975)	가격 광고 제품명 포장 텔레비전 프로그램 시판된 기간
Troxell · Judelle (1981)	실루엣 장식 표면에의 관심 색채 기술 사이즈 감각적인 요소 손질에 드는 비용과 편이성 실용성 브랜드에 대한 친밀감 신뢰감이 정도 적합성 가격
김원수(1983)	제품의 색상 디자인 브랜드와 포장 가격 품질 판매촉진활동 제조업자의 성 준거집단의 영향 브랜드에 대한 평가
유동근(1984)	생산되는 제품의 품질 제공되는 서비스 기업의 명성 정책마케팅노력
이선재(1991)	상품의 가격 품질수준 구색의 범위와 깊이 브랜드 상품 독립성 패션 리더십
Keller(1993)	특정브랜드에 대한 신념 연상이 제품이나 서비스의 직접경험 또는 전달된 정보를 통해 또는 기존 연상에 대한 추론
Kevin. Lane Keller(1998)	기업이 브랜드 이미지를 창출해 내는 데 이용할 수 있는 브랜드 연상의 종류를 크게 속성차원과 편익차원 그리고 태도차원으로 나누어 구별하였다.

1) 기능적 이미지

이번 연구에서는 제품의 기능적 속성이나 상징적 의미의 개념구분을 통한 복합적인 의미에서 브랜드 이미지를 파악하고 있다. 또한 브랜드 이미지가 다양한 측면에서 정의되어 온 점을 고려하여 제품의 상징적 이미지에 중심을 두고 소비자의 기억 속에 담겨 있는 브랜드 연상의 유형들에서 편익에 연관성을 이루는 상징적 측면과 기능적인 측면의 이미지들에 의해 반영된 브랜드에 관한 인식이라는 점에서 브랜드 이미지를 기능적 이미지와 상징적 이미지로 구분하고 있다. 본 연구에서는 기능적 이미지를 브랜드가 가지는 물리적 특성을 말하고 상징적 이미지는 브랜드가 가지는 사회적, 정신적인 의미를 말하고 있다.

제품의 이미지를 기능적인 측면과 상징적인 측면으로 구분하여 파악하려는 노력은 일찍이 마케팅의 새로운 관점을 제시한 Newman(1957)는 브랜드에 관한 새로운 관점을 제시하면서 브랜드 이미지의 차원을 기능적, 경제적, 사회적, 그리고 심리적 요인으로 구분하였는데 기능적 및 경제적 차원은 브랜드의 기능적 이미지에 해당이 되는 사항이며 사회적 차원이 상징적 이미지에 해당되는 것이다.

제품에는 본래 가지고 있는 물리적 특성이 있으며, 소비자가 그 제품을 사용함으로써 얻을 수 있는 이익에 관한 속성이라고 할 수 있다. 따라서 소비자가 제품 사용 시 지각하는 이들 물리적 특성인 기능적 속성으로부터 받은 어떤 심리적 작용에 의하여 마음속에 그려지는 심상이 기능적 이미지다. 기능적 이미지는 소비자들의 기능적 욕구와 관련된 것으로서 외부로부터 발생한 소비욕구를 충족시키기 위해서 고안되어 온 개념, 즉 갈증이나 배고픔 등과 관련된 심리적 욕구(psychological needs) 및 사고나 불안 등에서 벗어나고자 하는 안전욕구(safety needs) 등 외적으로 나타나는 소비욕구를 해결할 수 있도록 만들어진 것이다.

기능적 측면을 고려하여 연구를 많이 진행한 편이다. 아래는 국가이미지관련 연구에서 브랜드의 기능적 이미지만 고려하여 진행한 연구이다. Bilkey and Nes(1982)의 연구에 의하면 1960년대 중반 이후, 미국을 중심으로 제조국 이미지(Country Image) 혹은 제품의 원산지 효과(Country of Origin Effect)에 관한 수많은 연구가 이루어져, 현재는 소비자들이 제조국의 차이에 따라 제품의 품질을 다르게 평가하고 있다는 사실이 전반적으로 의견의 일치를 보고 있는 상황이다. Johansson, Douglas, and Nonaka(1985)는 제품의 친숙도와 응답자의 국적에 따라 원산지 효과에도 차이가 있고 특히 제품의 친숙도에 따라 구매결정에 있어서 제조국 이미지의 역할이 달라질 수도 있다고 하였다. Han(1989)은 제조국 이미지를 구매결정 모형에 도입하여, 구매결정에 있어서 제조국 이미지의 영향은 친숙한 제품의 경우 상표에 대한 태도에 직접 작용하고 친숙하지 않은 경우에는 인지적 요인 평가에 작용하여 간접적으로 상표에 대한 태도에 영향을 준다고 하였다. Johanson(1989)은 원산지 효과가 구매결정 모형에서 볼 때 인지뿐만 아니라 감정과 규범, 그리고 구매의도에까지 직접 영향을 줄 수 있다는 주장을 하고 있다.

2) 상징적 이미지

상징이란, 어떤 것(something else)을 대표하거나 표현하는 것(thing)으로 그것은 대외적으로 나타내 보이는 것이다. 제품의 상징적 의미는 제품을 통해 소비자가 스스로를 사회적으로 표현하도록 한다. 또한 사치(luxury) 혹은 사회적 지휘(status)와 같이 개별적인 제품 특징이나 속성으로 표현하기 어려운 개념을 가진 브랜드를 의미하며 특정 제품을 사용함으로써 사회적인 승인(approval)을 얻고자 하는 사회적 욕구, 자신을 평가받고 타인으로부터 존경의 욕구를 충족시켜 줄 수 있는 브랜드를 의미한다.

Levy(1959)는 일찍이 구매결정요인으로 제품의 품질 혹은 기능에 대응되는 제품의 의미의 중요성을 강조한 바 있다. 여기서의 제품의 의미는 어떤 제품이 갖는 사회적 성격을 뜻하는 것이며 이것은 후에 제품의 상징성이라는 개념으로 정착된다. 따라서 어떤 제품이 상징성을 갖기 위해서는 사회 전반적인 인지와 관련 사회집단이 공감하는 제품의 사회적 의미가 확립되어 있어야 한다(Grubb adn Grath whohl 1967).

Fishbein(1967)이 이성적 행동이론(Theory of Reasoned Action)을

제시한 이후, 소비자의 구매결정에 영향을 미치는 가장 기본적이고 중요한 요인으로 받아들여져 온 것이 제품의 기능적 가치이다. 이러한 학문적 추세에 따라, 기존의 제조국 이미지 연구들도 거의 답습적으로 제품의 기능적 측면만을 연구의 대상으로 해 왔다. 그러나 소비자행위 연구의 다른 한편에서는 제품의 기능적 가치뿐만 아니라 제품의 상징적 가치가 제품의 기능적 가치보다 더욱 중요한 역할을 할 수도 있다는 주장까지 대두되어, 이제는 제품의 상징적 측면이 구매결정에서 중요한 역할을 할 수 있다는 사실에 많은 학자들이 공감하게 되었다. 하지만 제조국 이미지 연구분야에서는 아직도 제품의 상징적 측면을 고려한 연구가 이루어지지 못하고 있는 것이 현실이다. Sirgy(1982)는 제품의 상징적인 측면은 기능적인 측면보다 쉽게 확산되는 특성을 갖고 있다고 하였다. 그것은 제품이 상징성이 전형적 사용자(Generalized User)와 제품의 외적 정보에 의존하는 경향이 큰 반면 제품의 기능적 이미지는 제품과의 물리적 접촉을 통해 형성되는 제품 친숙도에 의존하는 경향이 강하기 때문이다.

Grubb and Grathwohl(1967)는 상징적 의미를 타인에게 전달하기 위하여 그 제품을 소비하는 것으로 여긴다. Epstein(1980)의 연구에 의하면 상징적인 제품을 소비하는 개인은 제품의 상징성을 이용하여 자신의 자아개념을 향상시킨다.

Midgley(1983)는 소비의 성격에 따라 기능적 제품(Functional Product), 상징적 제품(Symbolic Product), 그리고 경험적 제품(Experiential Product)으로 구분하려는 노력이 있었다. 또한 소비자의 상징적 욕구와 관련하여 제품의 상징성을 다룬 연구(Levy 1959; Martineau 1958; Sirgy 1982; Solomon 1983), 그리고 소비의 사회학적 측면에 대한 연구(Nicosia and Mayer 1976: Wallendorf and Reilly 1983)가 이루어져 제품의 상징성이 소비자의 구매행위에 중요한 영향을 미친다는 주장이 크게 확산되었다.

Belk, Bahn and Mayer(1982) 제품의 상징적 이미지는 그 제품의 전형적 사용자와 제품의 가시적인 특성을 통하여 학습될 수 있기 때문에 제품 상징성에 관한 인식 능력도 일찍 발달되는 경향이 있다. 자동차와 주택을 대상으로 소비의 사회적 의미에 대한 인식능력의 발달을 연구한 결과에 의하면, 소비의 사회적 의미에 대한 인간의 인식 능력은 약 8세 정도가 되면 상당한 수준에 이르고, 약 12세 정도면 완전히 발달되는 것으로 나타난 바 있다.

제품판매는 고의적이든 아니든 간에 실체적인 제품뿐만 아니라 상징적인 것과 관련되어 있다. 소비자들이 구매하는 제품들은 기능적 특성 이외에 기능적 특성 이외에 개인적 및 사회적 의미를 가진다. 기업경영과 관련하여 일반적으로 상징은 바로 브랜드라고 할 수 있으며, 상징으로서 브랜드가 전달하는 의미를 브랜드 이미지라고 한다. 그러므로 상징으로서 브랜드가 가지는 이미지는 한 사회의 상징적인 커뮤니케이션 도구로써 이바지하며 행동을 제시하거나 행동에 영향을 주는 수단이 될 수도 있으며 소비자들은 제품이 가지는 상징이 그 자신에 대한 생각과 일치하거나 이를 강화시킨다고 생각될 때 그 제품을 구매하게 되는 것이다.

오늘날 불완전한 경쟁시장 특색으로 하는 시장경제하에서 기업은 자사에서 생산한 제품 및 서비스의 판매를 위한 이미지형성을 위하여 광고, 인적판매, 판매촉진, 홍보활동과 같은 촉진활동을 수행한다. 그러나 신제품이 시장에 도입된 직후에는 소비자들로 하여금 이에 대하여 잘 알게 하고 나아가 소비자계층의 변화나 사용습성을 바꿀 필요가 있는 까닭에 제품 이미지가 중요시되나 경쟁이 심해지고 제품이 점차 성숙기에 이르는 과정에서는 브랜드 이미지의 중요성이 높아지게 된다.

제3절 구매의사결정에 관한 이론 모형

1. 태도

Banks(1965)는 각 브랜드에 대한 소비자의 선호정도를 반영한 인지상태를 태도라 하였고, 이 태도는 브랜드에 대한 평가적 정도만을 내포하며 구매 시 특정 브랜드로 유도하는 역할을 한다고 하였다.

사회과학자들과 소비자행동 연구자들은 태도에 대하여 보편적으로 다음과 같은 정의를 수용하고 있다. 송용섭(1987)은 태도를 "특정대상물 혹은 집단 간에 대하여 일관성 있게 호의적 혹은 비호의적으로 반응하려는 학습된 경향"으로 정의하고 있다. Petty와 Cacioppo(1981)는 태도를 "그들 자신, 다른 사람들, 대상, 이슈 등에 대하여 가지고 있는 일반적인 평가로 정의하였다. 둘째는 사회심리적인 관점으로 개인 환경의 한 측면에 대한 동기·감정적·인지적 과정의 지속적인 조직으로 정의하며, 태도를 구조적인 관점에서 인지적·감정적·행동의욕적인 세 가지 요소로 보고 있다. 인지적 요소(cognitive component)는 사람들이 태도대상에 대하여 가지는 주관적 지식이나 신념을 말하며, 감정적 요소(affective component)는 태도 대상과 관련한 긍정적 혹은 부정적 느낌이나 반응을 일컫는 말이고, 행동적 요소(conative component)는 태도 대상에 대한 사람들의 명확한 행동과 관련된 진술 등 행동경향을 의미한다.

韓一洙(1992)의 연구에 의하면 소비자의 태도를 예측하고 그 태도를 수정, 변화시키는 일은 마케팅에 있어서 가장 핵심적 과제이다. 그러나 태도는 인간의 심리적 과정의 결과고 직접관찰이 어렵기 때문에 개인들의 말이나 행동으로부터 추정할 수밖에 없다는 점이다. 태도에 대한 대표적인 정의로써 Fishbgein에 의하면 태도는 한 개인이 대상에 대하여 긍정적 또는 부정적, 호의적 또는 비호의적, 찬성 또는 반대로 느끼는 감정이라고 한다. 여기서는 태도를 대상에 대한 느낌이나 평가적 반응으로 보는 견해이다. Allport는 태도를 준비상태(readiness)로 보고 한 대상물 또는 대상물 계층에 대하여 일관성 있게 우호적 또는 비우호적으로 반응하려는 습관된 선유경향이라고 정의하고 있다.

구매의도는 구매결과에 대한 태도와 주관적 규범에 의해 형성된다고 가정하는 것이다. 태도는 대상과 관련된 모든 속성에 관한 신념이 태도의 결정요소로 작용하는 것이 아니고 구매시점에서 중요하다고 인식되는 속성만이 태도의 결정요소로 작용한다. 따라서 현저한 속성에 관한 신념만을 가지고 태도를 예측하여야 정확한 예측이 가능하게 되는데, 이러한 현저한 속성은 개인별로 다르지만 대체로 5개에서 9개정도로 평가되면, 실제 연구결과에서도 속성의 수를 증가시킨다고 하여 태도 예측률이 높아지지 않는 다는 것이 증명되었다.

2. 구매의도

구매의도는 소비자의 구매행동에 직접적인 영향을 미치는 결정요인으로서 구매행동을 하고자 하는 의도라고 정의할 수 있다. 의도는 개인의 예기된 또는 계획된 미래 행동으로서 신념과 태도가 행위로 옮겨지는 확률을 의미한다. 일반적으로 구매의도는 소비자의 구매행동을 예측하는 데 가장 좋은 지표가 될 수 있다. 그러나 구매의도를 측정한 시간과 실제 구매행동이 이루어지는 시간의 차이가 크거나 그 과정에서 예기치 않은 사건들이 발생할 경우 구매의도와는 다른 행동이 나타날 수 있다.

의도(intention)는 개인의 예기된 또는 계획된 미래 행동으로서 신념과 태도가 행위로 옮겨지는 확률을 의미한다(Engel and Blackwell, 1982).

일반적으로 구매의도는 소비자의 구매행동을 예측하는 데 가장 좋은 지표가 될 수 있다. 그러나 구매의도를 측정한 시간과 실제 구매행동이 이루어지는 시간의 차이가 크거나 그 과정에서 예기치 않은 사건들이 발생할 경우 구매의도와는 다른 행동이 나타날 수 있다. 소비자의 구매행동을 예측하는 데 있어서 구매의도의 중요성을 잘 설명하는 이론으로 피쉬바인(Fishbein)과 에이전(Ajzen)의 합리적 행동이론(theory of reasoned action)을 들 수 있다. 흔히 피쉬바인 확장모델로 불리는 이 모델에서는 행동에 영향을 미치는 것은 제품에 대한 태도보다 구매행동과 같이 대상과 관련된 행동에 대한 태도라고 보고 있다. 또한 행동에 영향을 미치는 변수로서 태도뿐만 아니라 주관적 규범(subjective norm)을 고려하였으며, 주관적 규범이 행동에 영향을 미치는 데 있어서 행동의도가 매개하는 것으로 개념화하였다.

그러나 이성적 행동 모델에서의 행동 의도는 그 행동이 개인의 의지적 통제하에 있을 때만 실제 행동의 정확한 예측 변인이 된다. 즉 개인의 행동을 다른 사람에 의존해야 하는 상황에서는 행동의도와 실제 행동 간의 관계는 미약해질 수 있다. 이에 따라 Aizen(1991)은 행동이 개인의 통제력하에 있지 않은 상황까지 포괄할 수 있도록 계획된 행동 이론(theory of planned behaviour)을 제안하였다. 이 이론에서는 행동 의도에 영향을 미치는 요인으로 태도와 주관적 규범 이외에 "지각된 행동통제감"이라는 변인을 포함시켰다. 이 변인은 행동이 개인의 통제하에 있다고 여겨지는 정도를 의미한다. 다시 말하면 자신이 행동에 통제력이 있다고 지각할 때 행동의도가 실제 행동 수행에 영향을 미친다는 것이다.

3. 구매의사결정에 관한 이론 모형

본 연구는 국가 이미지(국가 이미지, 국민 이미지)가 브랜드 이미지(기능적 이미지, 상징적 이미지)에 미치는 영향; 국가 이미지가 브랜드 이미지의 매개변수를 통하여 태도와 구매이도에 미치는 영향; 국가 이미지와 브랜드 이미지 요인이 브랜드에 대한 태도의 매개변수를 통하여 구매의도에 미치는 영향 및 구매의도에 대한 직접적인 영향을 분석하고자 한다.

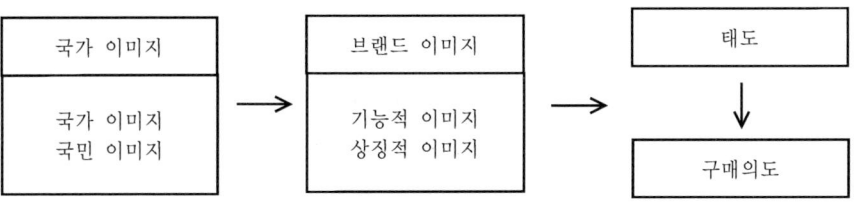

<그림 2-1> 제품의 구매결정에 관한 이론적 모형

제3장
연구 모형과 가설

제1절 연구 모형 및 가설

1. 연구 모형

Fishbein(1967)은 인간의 행위를 설명하는 이론으로 이성적 행동이론을 제시한 바 있다. 이 이론은 인간의 합리적 성향을 전제로 인간의 행위를 설명하고 있는데, 그 구체적 가정은 인간은 이용가능한 모든 정보를 체계적으로 활용하여 행동한다는 것이다. 이 이론에 의하면, 행위는 행위의도의 영향을 받고, 행위의도는 다시 태도와 주관적 규범의 영향을 받는다는 것이다. 국가 이미지에 대한 대부분의 연구들은 국가 이미지가 제품에 대한 전반적인 이미지 평가에 영향을 주며, 따라서 소비자의 구매의사결정에 중요한 변수로 작용한다고 보고 있다(Bilkey and Nes 1982).

본 연구에서는 Fishbein(1967), Han(1989), 한충민·이병석(1992),

안종석(2002, 2005)의 현재까지의 연구를 참고하여 아래와 같은 연구 모형을 만들었다. 국가 이미지와 국민 이미지를 분류하여 국가 이미지를 고찰하고자 한다. 국민 이미지는 국가 이미지를 구성하는 하나의 요인으로 되어 있지만 기존의 연구들에서는 하나의 별개의 개념으로 이해하는 것이 보다 일반적이다. 국가 이미지에 대한 국민들의 지각과 평가는 다양한 감정적, 인지적, 그리고 규범적 요인들에 의해 해당 국가의 국민 이미지와 나아가서 해당 국가의 전반적인 제품 이미지를 형성하는 데 중요한 영향을 미칠 수 있다.

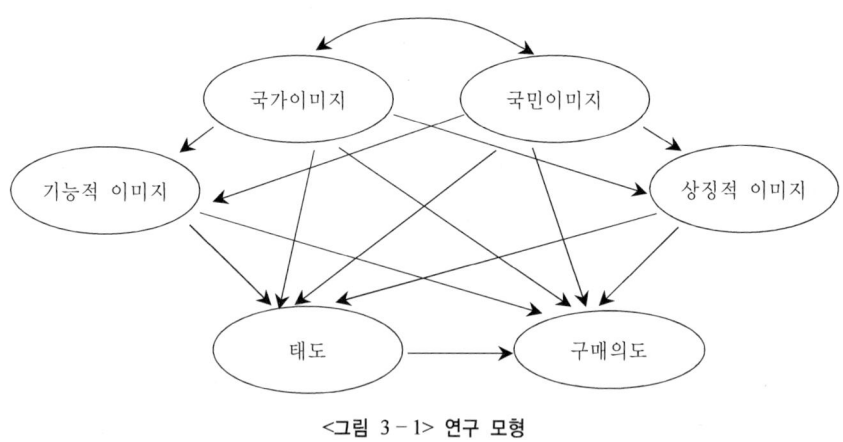

<그림 3-1> 연구 모형

국민 이미지를 따로 분류하여 기능적 이미지, 상징적 이미지 및 태도와 구매의도에 미치는 영향을 분석하고자 한다. 제품의 이미지를 기능적 및 상징적 이미지로 분류하여 기능적 이미지와 상징적 이미지가 제품의 태도와 구매의도에 미치는 영향을 분석하고 최종적으로 태도가 구매의도에 미치는 영향을 분석하고자 한다.

2. 국가 및 브랜드별 차이 분석

중국의 이동전화 시장에서 국가 및 제품별의 차이를 보기 위해 본 연구에서는 우선 중국 이동전화시장에서 판매되고 있는 세 개의 주요 브랜드 USA(Motorola), Korea(Anycall), Japan(NEC)과 중국의 자동차 시장에서 판매되고 있는 세 개의 브랜드 Germany(Volkswagen), Japan(Honda), Korea(Hyundai) 세 개의 브랜드를 선택하였다. 국가별 차이와 제품별차이의 분석을 통하여 국가별, 브랜드별로 중국 소비자들의 제품품질 지각에 어떠한 차이를 보이고 있는지 살펴볼 수 있다. 이의 분석을 위해 일원배치 분산분석에 의한 F－test를 실시하였다.

3. 가설의 설정

가설(hypothesis)은 구체적이고 체계적인 상황에서 행해진 경험적 연구와 관찰로부터 얻은 자료와 비교하기 위하여 선정하는 이론적 진술로서 경험적 검증을 위한 것이므로, 가설에 담김 개념들은 경험적으로 측정·관찰할 수 있도록 가능한 한 조직적으로 규정해야 한다. 가설의 원천은 기존의 법칙을 변형하거나 공리와 명제들로 구성된 공리적 이론의 틀에서 도출한 것일 수도 있고 연구자가 직관적으로 추측한 것일 수도 있다. 본 연구에서는 선행연구에서 제시된 이론적 고찰과 연구 모형에 입각하여 국가 이미지에 관한 요인들을 추출하고 비교·검토 후 어떠한 변수들이 소비자들의 태도와 구매의도에 결정적인 영향을 미치는지를 알아보기 위하여 아래와 같이 크게 세 가지 측면에서 제시하고 다음과 같은 가설들을 설정하였다.

1) 국가 이미지에 관한 가설

Gaedeke(1973)은 소비자는 미국이나 선진국에서 제조된 잘 알려지지 않은 브랜드와 알려진 브랜드 제품 간에 확실한 선호도 차이가 있음을 발견하였다. 이러한 결과는 Johansson과 Nebenzahl(1986)의 연구와 일치하고 있어 선진국의 브랜드라도 후진국에서 생산되면 그 브랜드의 이미지가 나빠짐을 시사하고 있다. Han과 Terpstra(1988)는 한 국가에서만 생산된 순수한 자국산 제품과 순수한 외국산 제품, 그리고 다른 국가에서 생산되었지만 브랜드는 국내기업의 브랜드를 부여한 다국적 제품으로 TV와 자동차 부품을 선정하고 국가로는 독일, 일본, 한국, 미국을 선정하여 원산지 효과를 연구하였다. 연구결과 원산지와 브랜드는 소비자의 제품 품질 지각에 모두 영향을 미치는 것으로 나타났으며, 다국적 제품을 평가하는 데 있어서는 원산지 이미지가 브랜드 이미지보다 강한 영향을 미치는 것으로 나타났다.

Cordell(1992)은 개발도상국에서 생산된 제품은 브랜드국에서 만든 것과 동일한 브랜드를 유지한다고 하더라도 소비자는 원산지(제조국)의 품질수준은 낮다고 인식하게 된다고 주장하였다. 그러나 소비자가 인지하고 있는 품질의 인식에 있어서 할인(원산지 효과의 상쇄) 정도는 소비자의 브랜드별 품질인식에 따라 매우 다르다. Tse와 Gorn(1993)은 품질수준이 낮다고 인식되는 원산지는 브랜드력이 강하거나 낮거나 인지된 품질수준을 저하시킨다고 하였다. 즉 제품의 품질수준이 낮다고 인식되는 원산지 이미지는 브랜드에 관계없이 원산지 이미지의 영향을 받는다고 주장하였다. Ettenson(1993)의 연구에서는 소비자는 제품에 대한 명성과 구매의사결정에서 리스크를 줄이기 위한 이유로 잘 알려지지 않은 브랜드보다는 잘 알려진 브랜드를 선호한다고 하였으며, 브랜드에 대한 인지는 소비자가 브랜드제품을 선택하는 데 있어 선호와 신뢰를 주는 데 기여하고 브랜드에 대한 연상은 기업의 함축된 명성, 품질, 제품보증 등에 의해 제품신뢰의 근원을 제공한다고 하였다.

Lee와 Brinberg(1995)는 제조국에 대한 호감도가 소비자의 브랜드 평가에 미치는 영향을 검정하기 위한 연구에서 제조국 호감도가 낮을수록 브랜드에 대한 전반적인 평가도 낮아짐을 보였다. 이러한 연구 결과는 브랜드와는 관계없이 제품이 생산된 국가의 이미지가 브랜드 평가에 중요한 영향을 미치고 있음을 보여 주는 것이다. 품질수준이 높다고 인식되는 강력한 브랜드는 잘 알려져 있지 않거나 평범한 품질수준을 가진 약한 브랜드보다 원산지 효과의 할인 정도는 훨씬 낮다는 것이다. 즉 브랜드력이 강한 제품일수록 원산지 효과가 크지 않다는 것을 의미한다. 이상의 연구들은 모든 제품에 대해 원산지 효과가 존재하나 브랜드명성에 따라 원산지 효과가 변할 수 있다는 것이다. 따라서 본 연구에서는 브랜드인지도와 품질수준에 대한 소비자의 인식수준과 구매리스크가 다른 제품 카테고리 간의 원산지 효과의 차이를 살펴보고자 한다.

안종석(2005)은 국가 이미지는 소비자가 그 국가 제품에 대해 친숙할 때에는 이미 소비자에게 형성된 제품의 신념을 요약하여 제품 및 브랜드에 대한 태도 형성에 직접 영향을 미칠 수 있다고 한다. 이른바 요약개념화 효과이다. 소비자는 일상적인 정보의 과부하 상황에서 개별 제품의 속성에 대해 세밀한 정보처리 및 저장 과정을 거치기보다는 주먹구구식의 묶음 형태로 정보를 처리하는 경향을 보인다. 이런 경우 제품 평가에 있어 국가 이미지는 브랜드 이미지와 같은 형태로 제품사용 경험을 통한 요약된 정보의 역할을 한다는 것이다. 소비자는 자신에게 요약화된 이러한 정보를 이용하여 동일한 국적을 지닌 개별적인 브랜드들이 유사한 제품속성을 지닐 것으로 판단하게 된다.

한편 최근에는 국가 이미지가 제품속성에 대한 신념에 영향을 미침과 함께 제품 혹은 브랜드에 대한 태도에도 직접적인 영향을 미치는 것으로 파악된다.

외국산 제품에 대한 편견현상을 나타내는 용어는 통일되어 있지 않고 학자마다 다르게 표현되고 있는데 그 예로서 원산지 효과, 제조국 이미지, 외제선호, 외국제품 편견, 외국 제품 지각, 국가 고정관념 등의 용어를 들 수 있다. 이러한 개념들을 종합해 보면 원산지 효과란 국가의 일반 소비자들이 특정 국가의 제품에 대하여 가지고 있는 이미지 혹은 태도를 나타내는 개념으로서 외국산 제품의 평가와 구매에 영향을 미친다는 데에는 공통적이라 할 수 있다.

Erickson, G. M(1984)는 일반적으로 국가 이미지는 특정국가에 대한 기술적이고, 추정적이고 정보적인 모든 신념의 총합으로써 규정될 수 있다고 한다. 이러한 맥락에서 어떤 제품이 연관되는 국가 혹은 그 국가의 이미지를 나타내기 위해서 원산지 혹은 원산지 이미지라는 용어로 사용되기도 하였다. 이러한 소비자들이 상품을 평가하기 위해서 사용하는 외적인 단서로 간주되기도 한다.

특정 제품에 대해서 평가를 할 때 소비자들은 제품 자체의 내적인 특성인 내재적 단서와 내재적 특성 이외의 외재적 단서에 의존한다. 그러나 소비자들이 제품의 내재적 특성에 대해서 친숙하지 않을 때, 즉 내재적 단서에 의존하기 힘든 경우에 있어서는 외재적 단서에 의존하게 된다. 원산지와 관련된 많은 연구들은 원산지가 상품에 대한 평가 혹은 태도에 있어서 가격이나 브랜드 같은 단서보다도 더 중요한 단서라는 것을 제시하였다.

┌─ 가설 1 ───┐
│ 국가 이미지와 국민 이미지는 정의 상관관계를 가질 것이다. │
└──┘

┌─ 가설 2 ───┐
│ 국가 이미지는 제품의 기능적 이미지에 정의 영향을 미칠 것이다. │
└──┘

가설 2-1 일반적 국가 이미지는 제품의 기능적 이미지에 정의 영향을 미칠 것이다.

가설 2-2 국민 이미지는 제품의 기능적 이미지에 정의 영향을 미칠 것이다.

┌─ 가설 3 ───┐
│ 국가 이미지는 제품의 상징적 이미지에 정의 영향을 미칠 것이다. │
└──┘

가설 3-1 일반적 국가 이미지는 제품의 상징적 이미지에 정의 영향을 미칠 것이다.

가설 3-2 국민 이미지는 제품의 상징적 이미지에 정의 영향을 미칠 것이다.

┌─ 가설 4 ───┐
│ 국가 이미지는 제품의 태도에 정의 영향을 미칠 것이다. │
└──┘

가설 4-1 일반적 국가 이미지는 제품의 태도에 정의 영향을 미칠 것이다.

가설 4-2 국민 이미지는 제품의 태도에 정의 영향을 미칠 것이다.

┌─ 가설 5 ───┐
│ 국가 이미지는 제품의 구매의도에 정의 영향을 미칠 것이다. │
└──┘

가설 5-1 일반적 국가 이미지는 제품의 구매의도에 정의 영향을 미칠 것이다.

가설 5-2 국민 이미지는 제품의 구매의도에 정의 영향을 미칠 것이다.

2) 브랜드 이미지에 관한 가설

제품 이미지는 소비자의 태도에 영향을 미친다. 태도는 어떤 대상이나 아이디어에 대해 개인이 특정적으로 갖고 있는 호의적 또는 비호의적 인지도 평가, 감정적 느낌 및 행동 경향 등을 말한다. 따라서 브랜드에 대한 태도는 일관성 있게 호의적 또는 비호의적으로 브랜드를 평가하려는 소비자들의 경향이라 할 수 있다. 호의적인 브랜드 태도는 그 제품의 품질 및 가치에 긍정적인 영향을 미치고 결국 그 제품을 특정적으로 구매하고자 하는 의사에 긍정적인 영향을 미친다. 즉 소비자는 특정 브랜드에 대해 만족을 하게 되면 그 브랜드에 대한 선호를 가지게 되며, 이에 따라 가장 선호하는 특정 브랜드에 대한 구매 결정을 하게 되고 실제적인 구매를 하게 된다. 전통적으로 브랜드 이미지나 태도는 광고에 의해 주로 형성된다는 견해와 제품 가격과 촉진 활동이 브랜드 선택에 결정적인 역할을 한다는 견해도 있지만 실제로는 이러한 브랜드 태도 형성 및 구매 결정과정상에서 가격이나 유용성, 사회적 적합성 등 고려되는 특성은 여러 가지가 있을 수 있다. 태도를 측정하는 이유는 태도가 행동과 관련이 있다는 가정이 배경을 이루고 있기 때문인데 일반적으로 특정 소비자가 특정 브랜드에 대해 호의적일수록 그 브랜드를 구매할 가능성이 커진다고 할 수 있다. 즉 태도는 구매 경향을 나타내는 척도이며 따라서 브랜드에 대한 소비자의 태도가 긍정적이라는 사실로부터 판매량의 증가를 예측할 수 있다.

모든 제품은 기능적인 측면과 상징적인 측면을 동시에 가지고 있다. 어떤 사람이 고급의 외국산 승용차를 구입하는 경우, 구매결정에 있어서 그 제품이 제공하는 최고의 지위라는 상징적 이미지가 그 제품의 기능적 우수성보다 중시될 가능성이 크다. Levy(1959)는 사람들이 어떤 제품을 구입하는 것은 제품이 제공하는 기능뿐만 아니라 그 제품이 제공하는 의미를 향유하기 위한 것이라고 주장하여 제품 상징성의 중요성을 강조한 바 있고 Midgley(1983)는 제품을 소비의 성격에 따라 기능적 제품, 상징적 제품, 그리고 경험적 제품으로 구분하려는 노력이 있었으며 한충민(1998)은 또한 소비자의 상징적 욕구와 관련하여 제품의 상징성을 다룬 연구, 그리고 소비의 사회학적 측면에 대한 연구가 이루어져 제품의 상징성이 소비자의 구매행위에 중요한 영향을 미친다는 주장이 크게 확산되었다.

지금까지 상품에는 기능적인 속성 외에 상징적 속성이 있으며 상징적 속성도 상표에 대한 태도에 영향을 미친다는 연구들이 주로 미국 소비자들을 대상으로 한 미국 학자들에 의해서 행해져 왔다. 상징은 고차원적 메시지 전달수단으로서 점차 그 사용이 증가되고 있다. 현대 소비사회에서는 직접적이고 이성적인 호소보다는 간접적이고 감성적인 호소가 중요시 되고 있다.

韓一洙(1992)는 세분화된 고객들의 욕구, 소망과 개성적 특성에 목표를 맞추어 이를 실현시키는 방법으로서 상품이나 서비스의 사용이라는 측면을 부각시키면서 이를 상징적으로 제시하고 있는 것이다. 그러나 상징은 독자의 문화적 체계와 주관적 경험에 따라 해석이 달라지기 때문에 항상 목표 수용자의 준비관계와 소망 경험, 환상 등에 적절히 일치하여야만 의미를 제대로 전달할 수 있다. 제품디자인과 스타일이 변화해 나가는 것처럼, 비록 제품이나 소유자가 바뀌지 않더라도 이미 소유한 제품의 의미와 소유자의 인식이 변모되어 간다고 지적했다. 예를 들면 고급외제 승용차를 소유함으로써 성공한 사람으로 인식되었던 자라도 걸프전쟁 발발이후 소비절약 풍조가 만연할 때 사치스런 사람, 반사회적인 사람으로 비춰질 수도 있는 것이다.

브랜드 이미지는 태도에 정의 영향을 미칠 것이다.

가설 6-1 기능적 이미지는 태도에 정의 영향을 미칠 것이다.
가설 6-2 상징적 이미지는 태도에 정의 영향을 미칠 것이다.

브랜드 이미지는 구매의도에 정의 영향을 미칠 것이다.

가설 7-1 기능적 이미지는 구매의도에 정의 영향을 미칠 것이다.
가설 7-2 상징적 이미지는 구매의도에 정의 영향을 미칠 것이다.

3) 태도가 구매의도에 미치는 영향

소비자의 구매의도나 구매행동을 예측하기 위해서 Fishbein과 Ajzen (1980)은 태도(개인적 인식요소들)와 주관적 규범(상호관계적 요소들)의 두 가지 개념을 동시에 고려하여야 구매의도 및 행동에 대한 예측력이 높아진다고 주장하였고, 이를 위한 측정도구로 행도의도모델을 발표하였다. 그 이후 많은 연구자들이 이 행동의도모델을 소비자의 구매의도와 구매행동을 예측하는 연구에 사용해 왔다(Dickson & Miniard, 1978; Ryan & Bonfield, 1980; Ryan. 1982:Fishbein et al. 1993; Middlestade et al. 1995).

태도는 구매의도에 정의 영향을 미친다.

제2절 변수별 조작적 정의

본 연구의 모형에는 외생적 변수인 두 가지의 국가 이미지와 국민 이미지, 매개변수인 기능적 이미지와 상징적 이미지 그리고 최종 결과 변수인 구매의도의 총 여섯 가지의 변수가 사용되었다.

각 변수들에 대한 측정은 기존의 문헌을 참고로 하였으며, 각 항목들은 본 연구의 성격에 맞게 재정리하였다.

1. 국가 이미지

Nagashima(1970)는 원산지에 관한 연구에서 원산지를 특정 국가에의 제품에 비즈니스맨이나 소비자가 특정국가의 제품에 붙인 연상, 명성, 편견으로 이러한 이미지는 제품에 대한 표현, 국가특성, 경제적 정치적 배경, 역사와 전통이라는 변수들에 의해 창조되는 것으로 원산지에 대한 이미지를 정의하였다. 따라서 본 연구에서는 원산지 이미지에 대한 구성요소를 정치적 안정성, 국민소득, 노동환경, 생산인프라, 제조기술에 대한 평가를 통해 원산지 이미지를 측정하였다.

Bilkey and Nes(1982)과 Niss(1996)는 물론 국가 이미지는 그 국가가 갖는 전반적 이미지를 포함하고 있지만 소비자가 제품을 구매할 때 제품과 그 국가 이미지의 일치성을 고려할 것이라고 하였다. 즉 원산지 이미지가 제품평가에 미치는 영향은 제품범주별로 다르다는 것이 일반적인 연구결과이다. 예를 들어 전자제품은 일본, 패션제품이나 와인은 프랑스, 농업제품은 덴마크라는 식으로 국가나 원산지 이미지는 특정제품범주에 보다 크게 영향을 미친다는 것이다. 이와 마찬가지로 국가 이미지가 그 국가에 대한 종합적인 인식과 편견이라고는 하지만 원산지 연구는 제조를 중심으로 평가가 이루어지는 만큼 제조와 관련성이 있는 항목의 구성이 바람직할 것이다.

따라서 본 연구에서는 소비자 제품을 선택할 때, 제품과 관련한 국가 이미지를 선택하는 것이 합리적이라는 판단아래, Nagashima(1970)나 Yapark(1987), Lee, Genesh(1999), 안종석(2005), Seong - Hwan Yoon(2006)의 연구에서 사용된 항목을 주로 참고하여 국가 이미지와 관련된 이미지 요소라고 판단되는 부유함, 경제적 선진성, 생활여건의 양호함, 우리에 우호적인 국가, 경쟁국이기보다 협력국, 호감 가는 국가를 선택하였다.

2. 국민 이미지

국민 이미지에 대한 고정관념에 관한 기존의 연구들에서는 하나의 별개의 개념으로 이해하는 것이 보다 일반적이다(Callan and Gallois, 1983; Triandis, et al. 1982). 일반적인 국가 이미지에 대한 국민들의 지각과 평가는 다양한 감정적, 인지적, 그리고 규범적 요인들에 의해 해당 국가의 국민 이미지와 나아가서 해당 국가의 전반적인 제품 이미지를 형성하는 데 중요한 영향을 미칠 수 있다는 것이다.

따라서 인간은 잘 알지 못하는 국가에 대해 그 국가의 범주(예를 들어 선진국 / 후진국, 동맹국 / 적성국)로 인식하고, 잘 알지 못하는 국민이나 그 국가 제품에 대해서도 범주화된 그 국가속성에 따라 주관적인 이미지를 형성하게 된다는 것이다. 예를 들어 해당국 국민들과의 직접적인 접촉이나 관계의 형성이 없이도 과거의 역사적인 사실로 존재하는 전쟁의 경험이나 적대감 혹은 우호적 관계, 그리고 국가 자체에 대한 전반적인 이미지 등이 총체적인 기억 속에 남아 특정 국가 국민들에 대한 이미지를 형성케 하고, 이것이 다시 특정 국가 제품에 대한 감정적 혹은 규범적 태도를 형성하게 될 수도 있다. 따라서 본 연구는 Klein et al.(1998)와 안종석(2005)의 연구에서 국민 이미지와 관련되는 요소라고 판단되는 공손(친절), 교육수준, 근면·성실, 정직, 교양, 사려 깊음, 개인적으로 호감을 선택하였다.

3. 기능적 이미지

기능적 이미지의 측정에 사용된 속성은 기존의 제조국 이미지 연구 (Han, 1988), 한충민·이병우(1992), 안종석(2002, 2005)에서 사용된 속성을 이용하여 신뢰성, 저급/고급, 기술적 우수성, 디자인, 제품성 능, 경제성을 선택하였다.

4. 상징적 이미지

상징적 이미지의 측정에 사용된 속성은 기존의 연구 Levy(1959, 1981) 과 한충민·이병우(1992), 안종석(2002) 연구에서 상징적 이미지와 관련되는 요소라고 판단되는 세련미, 지위, 부유층, 진취성, 배려성, 창의성, 국제화를 선택하였다.

5. 태도

이학식·김영(2000), 한충민·이병우(1992), 안종석(2002)의 연구에서 태도와 관련되는 요소라고 판단되는 '매우 싫어한다 / 매우 좋아한다, 좋지 않은 제품으로 생각한다 / 좋은 제품으로 생각한다, 전혀 관심이 없다 / 매우 관심이 높다'를 선택하였다.

6. 구매의도

William B. Dodds, Kent B. Monroe, and Dhruv Grewal(1991), 한충민·이병우(1992), 안종석(2002, 2005)의 연구에 의해 구매할 의사가 전혀 없다 / 구매할 의사가 강하게 있다, 구매할 가능성이 매우 낮다 / 구매할 가능성이 매우 높다, 동일한 조건이면 다른 제품을 구매할 것이다 / 동일한 조건이면 이 제품을 구매할 것이다를 선택하였다.

제3절 실증분석을 위한 연구방법

1. 조사대상의 선정

1) 조사대상자의 선정

원산지 연구방법에 있어서 주목해야 할 중요한 쟁점 중의 하나는 샘플링과 측정에 관한 문제이다. Bhuian(1997)과 Papadopoulas(1990)은 원산지연구를 위한 설문조사가 객관성과 정당성(Validity)을 확보하지 못하고 있다고 주장하였다. 즉 샘플크기가 작거나, 무작위 추출이 아닌 학생을 대상으로 하고, 대표성이 없는 집단에 대해 설문조사를 실시한다는 것이다. 더욱이 학생들이 직접 접하기 어려운 자동차, 전자제품 등과 같은 값비싼 제품이나 고관여제품은 품질에 대한 실패위험성이 크기 때문에 학생들을 대상으로 한 연구는 연구결과는 문제점을 내포하고 있다는 것이다. 그러나 Peterson과 Jolibert(1995)의 연구에서는 원산지 효과에 대한 품질과 신뢰성분석이 학생이 아닌 집단과 학생집단 간에 큰 차이가 없다는 것을 설명하였다.

이러한 문제인식하에 Jean－Claude Usnier(2003)는 원산지에 관한 115개의 연구논문을 분석한 결과, 학생이 12.67%, 소비자가 73.08%, 전문바이어가 14.25%로 많은 연구가 일반 소비자를 대상으로 연구가 진행되었음을 보여 주었다.

그러나 최근에 있어서는 학생들이 직접 접할 수 있는 제품이 확대되고 간접적으로나마 제품에 대한 정보를 많이 접하기 때문에 학생을 대상으로 한 설문이 원산지 효과에 대한 전체적인 결과를 왜곡시킨다고 판단하는 데는 다소 문제가 있다. 따라서 제품의 관여정도에 적합한 샘플링이 이루어지는 것이 바람직하지만 학생을 전적으로 제외시킬 필요는 없다. Peterson과 Jolibert(1995)의 연구결과에서와 같이 학생과 일반소비자의 차이가 없을 뿐만 아니라 최근에는 대학생들도 고관여제품의 중요한 소비계층으로 인식되고 있기 때문이다.

본 연구에서도 휴대폰 자체가 대학생들의 고과여 제품으로 인식되기에 대학생들에 대한 설문조사를 중요시하였다.

2) 조사제품의 선정

Jean – Claude Usnier(2003)가 연구한 원산지에 관한 124개의 논문을 분석한 결과에 따르면, 원산지 효과를 분석하기 위해 가장 많이 사용했던 제품카테고리는 전자제품(31.3%), 자동차(30.43%), 신발·의류·신발(29.57%) 등의 순으로 나타났다. 이러한 결과는 원산지 효과의 민감성과 소비자의 제품 친숙도에 따라 선택된 것으로 볼 수 있을 것이다.

본 연구에서는 중국 시장이 전 세계시장에서 휴대폰 소비자가 제일 많을 뿐만 아니라 제일 유망한 자동차판매시장으로 부상하기에 휴대폰과 자동차를 중국 소비자의 구매의사결정을 연구하는 주요제품으로 선정을 하였다. 본 연구에서 고려된 제품은 USA(Motorola), Germany (Volkswagen), Japan(NEC), Japan(Honda), Korea(Anycall), Korea (Hyundai) 등 여섯 개의 제품으로 되고 있다.

3) 조사대상국의 선정

원산지에 대한 연구는 소비자의 태도를 파악하기 위해서 선진국을 중심으로 한 시장에서 조사가 이루어진다. 원산지는 단일국적 제품 (Un – inational Products)에 대한 연구는 선진국 간 비교가 주류를 이루고, 복합제품(multi – national Products) 연구는 개발도상국가가 주요 연구 대상이 된다.

Jean – Claude Usnier(2003)의 연구결과에 따르면 설문조사 대상국 (조사국)은 미국이 36.31%로 가장 많으며, 프랑스, 영국, 캐나다 순으로 나타났다. 앞에서 언급한 바와 같이 조사대상국은 소비자를 중심으로 이루어져야 하기 때문이다.

또한 원산지로 고려된 국가도 미국, 일본, 독일, 프랑스 등의 순으로 나타났다. 이는 과거의 연구논문이 단일국적 제품(Uni‐national Products)을 중심으로 이루어졌기 때문인데 최근에는 다국적 제품이 증가함에 따라 중국 등과 같은 개발도상국가를 대상으로 한 연구가 증가하고 있다.

본 연구의 목적을 달성하기 위해 전문서적과 관련논문 등의 문헌연구를 통하여 이론적 체계를 정립하여 실증연구의 가설설계에 활용하였으며, 중국 소비자들을 대상으로 설문조사를 통하여 국가 이미지의 추출과 그러한 변수들이 소비자들의 태도와 구매의도에 어떠한 영향을 미치는지를 파악하였다. 본 연구에서 고려된 국가는 미국, 독일, 일본, 한국으로 되어 있다.

2. 자료분석

본 연구의 수집된 자료는 SPSS 12.0과 AMOS 5.0프로그램을 이용하였으며, 분석기법으로는 조사대상자의 일반적 특성을 파악하기 위해 빈도와 백분율을 산출하였다. 또한 관련변수들의 타당성과 연구의 객관적 접근을 위해 신뢰성과 타당성 분석을 실시하였으며, 탐색적 요인 분석, 확인적 요인 분석, 구조방정식 등 연구진행 시 필요한 사항에 대하여 다양한 연구방법을 실시하였다.

제4장
실증분석

제1절 기초통계분석

1. 조사 대상자의 일반적 특성

본 연구에서는 설문에 의한 조사방법을 실시하였다. 본 연구의 결과는 아래의 도표와 같다. 주요 소비자로 기대할 수 있는 20대와 30대, 40대를 중심으로 다양한 직장을 가진 소비자를 중심으로 설문지를 배포하였다.

본 연구에서는 연구의 수행을 위한 자료를 중국 북경, 청도, 연대 등 지역의 18세 이상의 성인 소비자를 대상으로 설문조사방법에 의해 수집되었다. 현지 소비자의 설문조사는 중국연대대학교의 협조를 통해 이루어졌다. 북경과 청도의 설문지는 북경휴대폰게임회사와 청도 심스아무역유한회사를 통하여 설문지를 실시하고 각 지구의 소비자들에 대한 방문조사를 실시하였다.

본 연구에 응답한 소비자는 총 229명이었으나, 자료처리에는 설문

응답이 부실한 13명의 설문지를 제외한 216명의 설문자료만을 이용하였다.

<표 4-1> 표본의 구성

항목		빈도	%
연령	18~24세	141	65.3
	25~30세	42	19.4
	30~39세	7	3.2
	40~49세	22	10.2
	50세 이상	4	1.9
	합계	216	100.0
성별	남자	58	26.9
	여자	158	73.1
	합계	216	100
학력	중학교졸업	9	4.2
	고등학교졸업	21	9.7
	대학생	131	60.6
	대학졸업	47	21.8
	석사이상	8	3.7
	합계	216	100.0
직장	가정주부	7	3.2
	학생	130	60.2
	회사직원	50	23.1
	개인사업자	4	1.9
	공무원	3	1.4
	교사	8	3.7
	기타	14	6.5
	합계	216	100.0
결혼 여부	미혼	176	81.5
	결혼	40	18.5
	합계	216	100.0

항목		빈도	%
수입	2천 위안 이하 / 월	158	73.1
	2천~4천 위안 / 월	41	19.0
	4천~6천 위안 / 월	9	4.2
	6천~8천 위안 / 월	3	1.4
	8천 위안 이상 / 월	5	2.3
	합계	216	100.0

2. 분석대상의 차이 검증

1) 국가 이미지의 비교

중국 소비자들이 미국, 독일, 일본, 한국의 국가 이미지에 대한 차이는 분명한 것이다. <표 4-2>을 보면 부유한 국가, 민주적 국가, 국제사무 참여도 등 4개의 문항의 F값은 전부 유의한 것으로 나타났다. 부유한 국가에 대한 이미지의 차이는 미국 → 독일 → 일본 → 한국 순으로 나타났고 민주적인 국가에 대한 인식은 독일 → 미국 → 한국 → 일본 순으로 나타났다. 민주주의 국가에서 중국 소비자들이 독일이 미국보다 더 민주적이고 한국이 일본보다 더욱 민주주의 국가라고 인식을 하고 있지만 일본에 대한 역사적, 사회적인 원인으로 객관적인 판단을 무시한 것도 있을 수 있다고 판단한다. 국제사무 참여도는 미국 → 일본 → 독일 → 한국의 순으로 나타나 일본의 국제사무 참여도가 미국의 다음으로 가는 것으로 인식이 되며 한국의 국제사무 참여도가 제일 낮은 것으로 인식이 되고 있다. 중국에 대하여 우호적인 국가는 한국 → 독일 → 미국 → 일본의 순으로 나타나 한국이 중국에 제일 우호적인 국가로 나타났고 일본이 제일 비우호적인 국가로 나타났다. 한국과 중국의 문화적인 인접성과 한류의 영향으로 중국의 젊은 소비자에서 한국에 대하여 우호적인 인식이 많은 것으로 해석되고 일본에 대한 비우호적인 인식은 역사적 원인이 많은 것으로 판단되고 있다.

<표 4-2> 국가 이미지 비교

	USA	Germany	Japan	Korea
부유한 국가	6.3472(1) (1.5356)	5.6435(2) (1.4102)	5.4815(3) (1.5788)	5.2315(4) (1.4506)
민주적 국가	4.9861(2) (2.0334)	5.2222(1) (1.5542)	3.3704(4) (1.9438)	4.8102(3) (1.6833)
국제사무 참여도	6.2454(1) (1.7600)	4.8102(3) (1.6099)	5.0278(2) (1.9336)	4.6343(4) 1.6707
중국에 우호	3.2315(3) (1.8881)	4.8148(2) (1.5739)	2.1574(4) (1.7688)	5.3843(1) 1.6693

주: ( )안의 숫자는 순위와 표준편차를 나타냄.

<표 4-3> 국가별 국가 이미지의 차이

조사항목	구분	제곱합	자유도	평균제곱	F
부유한 국가	집단-간	148.40	3	49.47	22.1237**
	집단-내	1922.86	860	2.24	
	합계	2071.26	863		
민주적 국가	집단-간	451.95	3	150.65	45.7830**
	집단-내	2829.88	860	3.29	
	합계	3281.83	863		
국제사무 참여도	집단-간	344.04	3	114.68	37.5410**
	집단-내	2627.15	860	3.05	
	합계	2971.19	863		
중국에 우호	집단-간	1409.06	3	469.69	157.1240**
	집단-내	2570.77	860	2.99	
	합계	3979.83	863		

주: ** p<.05

<표 4-3>는 4개의 국가에 대한 국가 이미지의 차이에 관한 F 검증 결과를 요약한 것이다. 표에서 볼 수 있는 바와 같이 국가 이미지에 대한 네 개의 측정항목에 대해 각 항목이 통계적으로 유의한 차이가 존재하는 것으로 나타났다.

2) 국민 이미지의 비교

　<표 4-3>에서 나타난 것과 같이 각 나라의 국민에 대한 이미지를 살펴보면 중국 소비자들이 일본국민에 대한 이미지가 현저히 낮다고 할 수 있다. 특히 친절하다는 부분에서 2.27로 가장 낮게 나타나고 있다. 국민 이미지에 관한 네 개의 설문항목에서 일본은 모두 여러 나라에서 최저로 평가되었다. 중국 소비자들은 미국국민을 교육수준 부분에서 5.97로 가장 높게 나타나고 있지만 기타 친절, 근면, 성실, 교양 등 면에서 모두 한국과 독일보다 낮게 나타났다. 중국 소비자들은 독일국민을 제일 교양이 있다고 판단하고 친절, 교육수준 등 기타 부분은 한국보다 낮고 미국과 일본보다 높게 나타났다. 중국의 소비자들은 한국국민의 친절, 근면, 성실을 제일 높게 인식하지만 교육수준은 미국과 독일 다음으로 되는 3위를 차지하고 교양은 독일국민보다 낮고 미국과 일본국민보다 높게 나타나고 있다.

<표 4 - 4> 국민 이미지 비교

	USA	Germany	Japan	Korea
친절하다	3.6713(3) (2.0135)	4.6435(2) (1.7778)	2.2731(4) (1.7373)	5.5417(1) (1.5546)
교육수준이 높다	5.9722(1) (1.4720)	5.6806(2) (1.4386)	4.4722(4) (2.1370)	5.3750(3) (1.3719)
근면하고 성실하다	4.3287(3) (1.8896)	5.3426(2) (1.5799)	3.3935(4) (2.2262)	5.5370(1) (1.4005)
교양이 있다	4.4491(3) (1.9403)	5.4213(1) (1.5321)	3.4028(4) (2.2225)	5.3889(2) (1.6612)

주: ( )안의 숫자는 순위와 표준편차를 나타냄.

<표 4 - 5> 국가별 국민 이미지의 차이

조사항목	구분	제곱합	자유도	평균제곱	F
친절하다	집단 - 간	1269.37	3	423.12	133.7953**
	집단 - 내	2719.72	860	3.16	
	합계	3989.09	863		
교육수준이 높다	집단 - 간	273.25	3	91.08	34.0980**
	집단 - 내	2297.25	860	2.67	
	합계	2570.50	863		
근면하고 성실하다	집단 - 간	636.88	3	212.29	65.4009**
	집단 - 내	2791.56	860	3.25	
	합계	3428.44	863		
교양이 있다	집단 - 간	590.94	3	196.98	57.0495**
	집단 - 내	2969.39	860	3.45	
	합계	3560.33	863		

주: ** $p < .05$

<표 4 - 5>는 네 개의 국가에 대한 국민 이미지의 차이에 관한 F 검증 결과를 요약한 것이다. 표에서 볼 수 있는 바와 같이 국민 이미지에 대한 네 개의 측정항목에 대해 각 항목이 통계적으로 유의한 차이가 존재하는 것으로 나타났다.

3) 휴대폰의 기능적 이미지에 대한 비교

아래의 표에서 알 수 있다시피 한국의 Anycall은 가격 부분에서 2위를 차지하고 기타 품질과 디자인에서 모두 1위를 차지하고 있다. 그중 품질 부분에서는 5.72로 가장 높게 나타나고 있다. 미국의 Motorola는 가격 부분에서 제일 싼 것으로 중국 소비자들에게 인식이 되었고 품질과 디자인부분에서 일본의 NEC보다 높고 한국의 Anycall 보다 낮게 나타나고 있다. 중국에서 Motorola는 삼성보다 먼저 중국시장에 진출하였고 모든 생산시설을 모두 중국에 건설을 하고 상대적인 우위인 노동력을 이용하여 중국의 휴대전화 시장을 이끌어 나갔다. 일본의 NEC는 모든 면에서 제일 낮게 나타나고 있다. 이것은 일본 NEC가 중국 휴대폰 시장에서 철수한 것과 관련이 많은 것으로 보인다.

<표 4-6> 휴대폰의 기능적 이미지 비교

	Motorola(USA)	NEC(Japan)	Anycall(Korea)
품질이 좋다	4.7454(2) (1.7953)	4.0185(3) (2.0595)	5.7222(1) (1.5512)
가격이 싸다	3.9907(1) (1.7836)	3.2037(3) (1.8740)	3.2731(2) (1.8886)
디자인이 좋다	4.3889(2) (1.8468)	3.8472(3) (2.0322)	5.5880(1) (1.5071)

주: ( )안의 숫자는 순위와 표준편차를 나타냄.

<표 4-7> 휴대폰의 기능적 이미지의 차이

조사항목	구분	제곱합	자유도	평균제곱	F
품질이 좋다	집단-간	315.73	2	157.87	47.9789**
	집단-내	2122.25	645	3.29	
	합계	2437.99	647		
가격이 싸다	집단-간	82.02	2	41.01	11.9914**
	집단-내	2205.90	645	3.42	
	합계	2287.92	647		
디자인이 좋다	집단-간	342.82	2	171.41	52.4070**
	집단-내	2109.62	645	3.27	
	합계	2452.44	647		

** $p < .01$

<표 4-7>는 세 개의 휴대폰 제품에 대한 기능적 이미지의 차이에 관한 F 검증 결과를 요약한 것이다. 표에서 볼 수 있는 바와 같이 휴대폰의 기능적 이미지에 대한 여섯 개의 측정항목에 대해 각 항목이 통계적으로 유의한 차이가 존재하는 것으로 나타났다.

4) 휴대폰의 상징적 이미지에 대한 비교

위의 국가별, 제품형태별 차이 분석과 동일한 방법으로 제품의 상징적 이미지에 따른 중국 소비자들의 제품품질 지각 수준을 비교, 분석하였다.

제품의 상징적 이미지에 대한 두 개의 측정항목들에 대해 가장 높은 지각을 보이고 있는 제품은 단연 삼성의 Anycall인 것으로 나타났다. 이것은 제품의 기능적 이미지에서와 같은 결과였다. 휴대폰의 상징적 이미지에서 모든 설문 부분이 Anycall → Motorola → NEC의 순서로 나타났다. 삼성은 중국에서 고가격 전략으로 고소득층을 주요 목표시장으로 하였기에 중국 내에서의 하나의 명품으로 자리 잡으면서 중국에서 확고한 위치를 잡게 되었기에 상징적인 이미지에서 높은 데이터를 나타나고 있는 것으로 이해된다. 특히 부유부분에서 4.92로 제일 높게 나타나고 있어 삼성의 중국 시장공략과 부합이 된다. 이것은 삼성의 Anycall의 경우 상류층, 즉 고소득층이 즐겨 찾는 비싼 제품으로 인식이 된 반면 Morotola는 역시 상대적으로 가격이 저렴한 휴대폰을 앞세워 중국 시장 점유율을 확보한 것과 많은 관련이 있다.

<표 4-8> 휴대폰의 상징적 이미지

	Motorola(USA)	NEC(Japan)	Anycall(Korea)
세련되다	4.1944(2) (1.8824)	3.0000(3) (1.9120)	4.3981(1) (1.8674)
부유하다	3.6759(2) (1.9281)	3.3426(3) (2.0216)	4.9074(1) (1.8378)

주: ( )안의 숫자는 순위와 표준편차를 나타냄.

<표 4-9> 휴대폰의 상징적 이미지의 차이

조사항목	구분	제곱합	자유도	평균제곱	F
세련되다	집단-간	246.46	2	123.23	34.5937**
	집단-내	2297.59	645	3.56	
	합계	2544.05	647		
부유하다	집단-간	293.49	2	146.75	39.3708**
	집단-내	2404.11	645	3.73	
	합계	2697.60	647		

주: ** $p < .01$

<표 4-9>는 세 개의 휴대폰 제품에 대한 상징적 이미지의 차이에 관한 F 검증 결과를 요약한 것이다. 표에서 볼 수 있는 바와 같이 휴대폰의 상징적 이미지에 대한 두 개의 측정항목에 대해 각 항목이 통계적으로 유의한 차이가 존재하는 것으로 나타났다.

5) 승용차의 기능적 이미지에 대한 비교

<표 4-10>은 휴대폰의 기능적 이미지의 차이 분석과 동일한 방법으로 제품의 상징적 이미지에 따른 중국 소비자들의 제품품질 지각 수준을 비교, 분석하였다.

승용차에 관한 기능적 이미지에서 Volkswagen의 품질과 디자인부분에서 모두 제일 높게 나타나고 있다. 특히 품질부분에서 5.48로 제일 높게 나타났다. 가격부분에서는 한국보다 높고 일본보다는 싸게 나타나고 있다. 현재 중국의 각 대도시의 택시가 주로 Volkswagen을 쓰고 있고 독일의 자동차가 세계 최고의 품질을 자랑하고 있는 것과 관계가 밀접한 것으로 볼 수 있다. 일본의 Honda는 비록 가격 면에서 제일 비싸다는 이미지를 남겨주고 기타 면에서는 모두 한국의 Hyundai보다 낮게 나타나고 있다. 한국의 Hyundai는 가격 면에서 제일 싸다고 나타나고 있고 기타 품질과 디자인에서 모두 독일의 Volks-wagen보다 낮게 나타나고 있다. 이것은 한국의 현대 자동차가 중국 시장 진입 시의 주로 가격 전략으로 시장점유율을 높이고 현재까지 가격전략으로 시장을 확대한 것과 많은 관계가 있다고 본다. 일본의 Honda에 대한 전면적인 부정적인 인식은 국가적인 이미지와 관계가 많다고 본다.

<표 4-10> 승용차의 기능적 이미지

	Volkswagen (Germany)	Honda (Japan)	Hyundai (Korea)
품질이 좋다	5.4815(1) (1.5551)	4.6343(3) (2.0278)	5.0787(2) (1.6448)
가격이 싸다	4.2037(2) (1.7640)	3.5000(3) (1.9672)	4.3565(1) (1.8721)
디자인이 좋다	5.1991(1) (1.5317)	4.6806(3) (1.9707)	5.0787(2) (1.6589)

주: ( )안의 숫자는 순위와 표준편차를 나타냄.

<표 4-11> 승용차의 기능적 이미지 차이

조사항목	구분	제곱합	자유도	평균제곱	F
품질이 좋다	집단-간	77.58	2	38.79	12.6004**
	집단-내	1985.69	645	3.08	
	합계	2063.28	647		
가격이 싸다	집단-간	90.15	2	45.08	12.8954**
	집단-내	2254.59	645	3.50	
	합계	2344.74	647		
디자인이 좋다	집단-간	31.81	2	15.91	5.3133**
	집단-내	1931.06	645	2.99	
	합계	1962.88	647		

** $p < .01$

<표 4-11>는 세 개의 승용차에 대한 기능적 이미지의 차이에 관한 F 검증 결과를 요약한 것이다. 표에서 볼 수 있는 바와 같이 승용차의 기능적 이미지에 대한 세 개의 측정항목에 대해 각 항목이 통계적으로 유의한 차이가 존재하는 것으로 나타났다.

6) 승용차의 상징적 이미지에 관한 비교

<표 4-12> 승용차의 상징적 이미지

요인	Volkswagen (Germany)	Honda (Japan)	Hyundai (Korea)
세련되다	4.8241(1) (1.7591)	3.9583(3) (2.0693)	4.5694(2) (1.7718)
부유하다	4.5185(2) (1.7652)	4.5833(1) (2.0466)	4.3426(3) (1.8834)

주: ( )안의 숫자는 순위와 표준편차를 나타냄.

독일의 Volkswagen는 세련부분에서 높게 나타나고 있다. 세련항목에서 4.82로 제일 높게 나타나고 있다. 일본의 Honda는 부유하다는 상징적 의미에서 높게 나타나게 되었고 세련부분에서 독일과 한국보다 낮다. 이것은 일본의 기능적 이미지에서 가격이 제일 비싸다는 중국 소비자의 인식과 서로 대응이 되는 것이다. 한국은 모든 항목에서 독일의 Volkswagen보다 낮게 나타나고 부유하다는 항목에서는 제일 낮게 나타나고 있다.

<표4-13> 상징적 이미지 차이에 관한 분산분석

조사항목	구분	제곱합	자유도	평균제곱	F
세련되다	집단-간	85.52	2	42.76	12.1990**
	집단-내	2260.90	645	3.51	
	합계	2346.42	647		
부유하다	집단-간	6.70	2	3.35	0.9267
	집단-내	2333.07	645	3.62	
	합계	2339.78	647		

** p<.01

<표 4-13>는 세 개의 승용차에 대한 상징적 이미지의 차이에 관한 F 검증 결과를 요약한 것이다. 표에서 볼 수 있는 바와 같이 승용차의 상징적 이미지에 대한 두 개의 측정항목에 대해 세련부분의 항목이 통계적으로 유의한 차이가 존재하는 것으로 나타났지만 부유항목은 F-test 결과 유의적으로 나타나지 않게 되었다. 이것은 여러 승용차 회사들이 중국 시장 점유율을 높이고 중국 소비자들이 저렴한 가격의 승용차를 원하는 시장수요에 따라 낮은 가격의 승용차를 서로 출시한 것과 관련이 많은 것으로 보인다. 승용차의 브랜드가 현재 중국에서 다양한 가격차원이 있는 것은 물론이고 낮은 가격의 승용차 개발에 경쟁이 심한 상황하에 어떤 특정의 브랜드에 대한 지위와 부유의 포지션이 서지 않는 것으로 보인다.

제2절 신뢰성 및 타당성 검증

신뢰성이란 동일한 개념에 대해서 측정을 되풀이했을 때 동일한 측정값을 얻을 가능성을 말한다. 일반적으로 사회과학에서는 신뢰도 측정 시 Cronbach's α 값이 0.6 이상일 경우 변수 간에 상호 신뢰성이 있다고 한다.

타당성(validity)이란 측정하고자 하는 것을 실제로 측정되고 있는가라는 질문으로 정의할 수 있다. 즉 측정도구가 본래 측정하려고 의도한 것을 실제 측정하였는지를 나타내는 것으로 내용 타당성(contents validity), 기준관련 타당성(criterion related validity), 구성 타당성(construct validity) 등으로 분류된다. 따라서 각각의 측정수단을 이용하여 측정을 실시한 후 각 문항들 간의 상관관계에 따라 타당성을 평가할 수 있다.

수집된 자료는 측정치들의 신뢰성과 타당성을 조사 분석한 후 공분산구조방정식분석 프로그램인 AMOS 5.0을 사용하여 구조방정식 모델을 분석하고 각 연구가설과 연구 모형을 검증하였다. 관련된 변수들을 대상으로 AMOS 5.0을 이용하여 확인적 요인 분석(confirmatory factor analysis: CFA)을 하였다. 확인적 요인 분석은 연구자가 기초 자료에 숨겨져 있는 이론적 구조에 대한 정보를 사전에 인지하고 있어 이 이론적 구조를 확인하고자 할 때에 쓰는 분석기법이다.

신뢰성 분석을 통해 신뢰성 계수의 유의성을 확인한 후 구성개념(요인)별로 확인요인 분석을 실시하였다. 이 분석은 단일 차원성을 저해하는 항목을 제거하는 데 목적이 있다. 그리고 각 요인별 구성개념의 최적 상태는 다음의 적합도 지수를 통해서 평가하기로 하였다.

GFI(Goodness – of Fit Index: 0.90 이상이면 바람직), AGFI(Adjusted Goodness – of – Fit Index: 0.90 이상 바람직), NFI(Normed Fit Index: 0.90 이상 바람직) 등을 이용하였다.

<표 4 – 14> 미국 모형에 관한 신뢰성 검증(Motorola)

요인		최초 항목수	제거 항목수	최종 항목수	Cronbach's α
미국 (Motorola)	국가 이미지(A1)	4	2	2	0.728
	국민 이미지(B1)	4		4	0.705
	기능적 이미지(C1)	3		3	0.609
	상징적 이미지(D1)	2		2	0.609
	태도(G1)	2		2	0.815
	구매의도(H1)	2		2	0.928

<표 4 – 15> 미국 모형에 관한 확인적 요인 분석 및 적합도(Motorola)

요인	항목	Estimate	S.E.	C.R.	최초 항목	최종 항목
국가 이미지(A1)	민주적인 국가이다(A11)	1.000			2	2
	국제문제참여도가 높다(A13)	1.269	0.209	6.082		
국민 이미지(B1)	공손(친절)하다(B11)	1.000			4	4
	교육수준이 높다(B12)	0.666	0.116	5.755		
	근면·성실하다(B13)	0.936	0.153	6.117		
	교양이 높다(B14)	1.262	0.183	6.895		
기능적 이미지(C1)	품질이 좋은 제품이다(C11)	1.000			3	3
	가격이 싸다(C12)	0.645	0.109	5.921		
	디자인이 좋은 제품이다(C13)	0.585	0.109	5.362		
상징적 이미지(D1)	세련되어 보인다(D11)	1.000			2	2
	부유해 보인다(D12)	0.843	0.192	4.403		
태도(G1)	매우 싫어한다(G11)	1.000			2	2
	좋지 않은 제품(G12) ·	0.862	0.080	10.736		
구매의도 (H1)	구매할 의사가 없다(H11)	1.000			2	2
	구매할 가능성이 낮다(H12)	0.913	0.059	15.351		

GFI	AGFI	NFI	RFI	IFI	TLI	CFI	카이제곱
0.928	0.884	0.885	0.839	0.946	0.922	0.945	133.604

미국요인에 관한 신뢰성 검증결과 국가 이미지 부분에서 항목이 2개 제거되어 크롬바알파계수가 0.728로 증가되었고 기타 요인의 항목은 신뢰성계수가 만족스럽다.

확인적 요인 분석 결과 각 요인의 측정항목에서 모두 유의한 결과를 가져왔다.

확인적 요신분석 결과 적합도에서 중요한 변수인 GFI 0.926, CFI 0.942로 적합성에서는 비교적 만족스러운 결과가 나타났다.

<표 4 - 16> 미국 모형의 요인 간 상관관계(Motorola)

요인	H1	G1	D1	C1	A1	B1
구매의도(H1)	1.000					
태도(G1)	0.601**	1.000				
상징적 이미지(D1)	0.325**	0.437**	1.000			
기능적 이미지(C1)	0.446**	0.634**	0.207**	1.000		
국가 이미지(A1)	0.174**	0.171*	0.14	0.307**	1.000	
국민 이미지(B1)	0.321**	0.229**	0.392**	0.129	0.529**	1.000

* $p<0.1$ ** $p<.05$

<표 4 - 17> 독일 모형에 관한 신뢰성 검증(Volkswagen)

요인		최초 항목수	제거 항목수	최종 항목수	Cronbach's α
독일 (Volkswagen)	국가 이미지(A2)	4	1	3	0.686
	국민 이미지(B2)	4		4	0.806
	기능적 이미지(E1)	3	1	2	0.542
	상징적 이미지(F1)	2		2	0.543
	태도(G4)	2		2	0.877
	구매의도(H4)	2		2	0.824

<표 4 - 18> 독일 모형에 관한 확인적 요인 분석(Volkswagen)

요인	항목	Estimate	S.E.	C.R.	최초항목	최종항목
국가 이미지(A2)	부유한 국가이다(A21)	1			3	3
	민주적인 국가이다(A22)	0.988	0.114	8.699		
	국제문제참여도가 높다(A23)	0.729	0.112	6.489		
국민 이미지(B2)	공손(친절)하다(B21)	1			4	4
	교육수준이 높다(B22)	1.062	0.143	7.442		
	근면·성실하다(B23)	1.261	0.163	7.758		
	교양이 높다(B24)	1.375	0.17	8.112		
기능적 이미지(E1)	품질이 좋은 제품(E11)	1			2	2
	디자인이 좋은 제품(E13)	1.095	0.165	6.645		
상징적 이미지(F1)	세련되어 보인다(F11)	1			2	2
	부유해 보인다(F13)	0.891	0.158	5.634		
태도(G4)	매우 싫어한다(G41)	1			2	2
	좋지 않은 제품(G42)	0.817	0.087	9.375		
구매의도 (H4)	구매할 의사가 없다(H41)	1			2	2
	구매할 가능성이 낮다(H42)	0.942	0.062	15.243		

GFI	AGFI	NFI	RFI	IFI	TLI	CFI	CMIN
0.932	0.891	0.909	0.873	0.962	0.946	0.961	123.689

독일 모형에 관한 신뢰성 검증결과 국가 이미지 부분에서 항목이 1개 제거되어 크롬바 알파계수가 0.686으로 증가되었고, 독일의 Volksvagen 의 기능적 이미지에서 1개 항목이 제거되면서 크롬바알파계수가 0.542 로 증가되었다. 신뢰도 검증에서 독일의 크롬바알파계수는 0.6에 도달 하지 못하였다.

확인적 요인 분석 결과 각 요인의 측정항목에서 모두 유의한 결과 를 가져왔다.

기타 요인의 항목은 신뢰성계수가 만족스럽다. 모형의 적합도 분석 에서 중요한 변수인 GFI 0.915, CFI 0.932로 적합성에서는 비교적 만족스러운 결과가 나타났다.

<표 4-19> 독일 모형의 요인 간 상관관계(Volkswagen)

요인	H4	G4	F1	E1	A2	B2
구매의도(H4)	1.000					
태도(G4)	0.638**	1.000				
상징적 이미지(F1)	0.403**	0.671**	1.000			
기능적 이미지(E1)	0.637**	0.743**	0.801**	1.000		
국가 이미지(A2)	0.365**	0.522**	0.273**	0.365**	1.000	
국민 이미지(B2)	0.300**	0.424**	0.234**	0.502**	0.697**	1.000

** $p < .05$

<표 4-20> 일본 모형에 관한 신뢰성 검증(NEC)

	요인	최초 항목수	제거 항목수	최종 항목수	Cronbach's α
일본 (NEC)	국가 이미지(A3)	4	2	2	0.479
	국민 이미지(B3)	4		4	0.737
	기능적 이미지(C2)	3		3	0.667
	상징적 이미지(D2)	2		2	0.783
	태도(G2)	2		2	0.824
	구매의도(H2)	2		2	0.953

<표 4-21> 일본 모형에 관한 확인적 요인 분석 및 적합도(NEC)

요인	항목	Estimate	S.E.	C.R.	최초 항목	최종 항목
국민 이미지(B3)	공손(친절)하다(B31)	1			4	4
	교육수준이 높다(B32)	1.478	0.267	5.53		
	근면·성실하다(B33)	1.943	0.317	6.121		
	교양이 높다(B34)	2.145	0.345	6.216		
기능적 이미지(C2)	품질이 좋은 제품(C21)	1			3	3
	가격이 싸다(C22)	0.702	0.118	5.963		
	디자인이 좋은 제품이다(C23)	1.172	0.144	8.138		
상징적 이미지(D2)	세련되어 보인다(D21)	1			2	2
	부유해 보인다(D22)	0.989	0.095	10.355		
태도(G2)	매우 싫어한다(G21)	1			2	2
	좋지 않은 제품(G22)	0.86	0.069	12.488		
구매의도 (H2)	구매할 의사가 없다(H21)	1			2	2
	구매할 가능성이 낮다(H22)	0.888	0.039	23.037		

GFI	AGFI	NFI	RFI	IFI	TLI	CFI	카이제곱
0.936	0.894	0.929	0.899	0.967	0.953	0.967	98.659

일본 모형(NEC)에 관한 신뢰성 분석 결과 아래 국가 이미지 부분에서 두 개 항목이 제거되어 크롬바알파계수가 0.479로 증가되었지만 낮은 편이다. 기타 요인의 계수는 모두 0.6을 초과하여 신뢰성분석의 조건을 만족하고 있다.

확인적 요인 분석 결과 각 요인의 측정항목에서 모두 유의한 결과를 가져왔다.

본 연구의 정확성을 위하여 일본 모형에 대하여 수정을 하였다. 국가 이미지의 크롬바알파가 너문 낮은 것을 감안하여 국가 이미지 요인을 취소하고 확인적 요인 분석 결과 모델의 적합도에서 GFI 0.895, CFI 0.911로 만족스러운 결과를 나타내고 있다.

<표 4-22> 일본 모형의 요인 간 상관관계(NEC)

요인	H2	G2	D2	C2	B3
구매의도(H2)	1.000				
태도(G2)	0.720**	1.000			
상징적 이미지(D2)	0.595**	0.605**	1.000		
기능적 이미지(C2)	0.582**	0.722**	0.801**	1.000	
국민 이미지(B3)	0.259**	0.430**	0.338**	0.363**	1.000

** $p < .05$

<표 4-23> 일본 모형에 관한 신뢰성 검증(Honda)

요인		최초 항목수	제거 항목수	최종 항목수	Cronbachs α
일본 (Honda)	국가 이미지(A3)	4	2	2	0.479
	국민 이미지(B3)	4		4	0.737
	기능적 이미지(E2)	3		3	0.642
	상징적 이미지(F2)	2		2	0.600
	태도(G5)	2		2	0.845
	구매의도(H5)	2		2	0.921

<표 4-24> 일본 모형에 관한 확인적 요인 분석 및 적합도(Honda)

요인	항목	Estimate	S.E.	C.R.	최초 항목	최종 항목
국민 이미지(B3)	공손(친절)하다(B31)	1.000			4	4
	교육수준이 높다(B32)	1.482	0.271	5.473		
	근면·성실하다(B33)	1.949	0.322	6.062		
	교양이 높다(B34)	2.206	0.358	6.17		
기능적 이미지(E2)	품질이 좋은 제품(E21)	1.000			3	3
	가격이 싸다(E22)	0.636	0.115	5.547		
	디자인이 좋은 제품이다(E23)	1.022	0.127	8.025		
상징적 이미지(F2)	세련되어 보인다(F21)	1.000			2	2
	부유해 보인다(F22)	0.986	0.153	6.44		
태도(G5)	매우 싫어한다(G51)	1.000			2	2
	좋지 않은 제품(G52)	0.786	0.052	15.028		
구매의도 (H5)	구매할 의사가 없다(H51)	1.000			2	2
	구매할 가능성이 낮다(H52)	0.811	0.045	18.081		

GFI	AGFI	NFI	RFI	IFI	TLI	CFI	CMIN
0.946	0.911	0.933	0.904	0.976	0.965	0.976	83.338

일본 모형(Honda)에 관한 신뢰성 분석 결과 아래 국가 이미지 부분에서 두 개 항목이 제거되어 크롬바알파계수가 0.479로 증가되었지만 낮은 편이다. 기타 요인의 계수는 모두 0.6을 초과하여 신뢰성분석의 조건을 만족하고 있다.

확인적 요인 분석 결과 각 요인의 측정항목에서 모두 유의한 결과를 가져왔다.

본 연구의 정확성을 위하여 일본 모형에 대하여 수정을 하였다. 국가 이미지를 취소하고 확인적 요인 분석 결과 모델의 적합도에서 GFI 0.895, CFI 0.911로 만족스러운 결과를 나타내고 있다.

<표 4-25> 일본 모형의 요인 간 상관관계(Honda)

요인	H5	G5	F2	E2	B3
구매의도(H5)	1.000				
태도(G5)	0.809**	1.000			
상징적 이미지(F2)	0.489**	0.664**	1.000		
기능적 이미지(E2)	0.501**	0.727**	0.778**	1.000	
국민 이미지(B3)	0.350**	0.382**	0.359**	0.405**	1.000

** p < .05

<표 4-26> 한국 모형에 관한 신뢰도 검증(Anycall)

요인		최초 항목수	제거 항목수	최종 항목수	Cronbach's
한국 (Korea)	국가 이미지(A4)	4	1	3	0.627
	국민 이미지(B4)	4		4	0.752
	기능적 이미지(C3)	3	1	2	0.624
	상징적 이미지(D3)	2		2	0.500
	태도(G3)	2		2	0.805
	구매의도(H3)	2		2	0.926

<표 4-27> 한국 모형에 관한 확인적 요인 분석 및 적합도(Anycall)

요인	항목	Estimate	S.E.	C.R.	최초 항목	최종 항목
국가 이미지(A4)	부유한 국가이다(A41)	1			3	3
	민주적인 국가이다(A42)	1.282	0.227	5.654		
	국제문제참여도가 높다(A43)	1.346	0.233	5.778		
국민 이미지(B4)	공손(친절)하다(B41)	1			4	4
	교육수준이 높다(B42)	0.745	0.098	7.607		
	근면·성실하다(B43)	0.84	0.102	8.212		
	교양이 높다(B44)	0.908	0.119	7.648		
기능적 이미지(C3)	품질이 좋은 제품(C31)	1			2	2
	디자인이 좋은 제품(C33)	0.671	0.098	6.857		
상징적 이미지(D3)	세련되어 보인다(D31)	1			2	2
	부유해 보인다(D32)	0.978	0.192	5.095		
태도(G3)	매우 싫어한다(G31)	1			2	2
	좋지 않은 제품(G32)	0.838	0.072	11.656		
구매의도 (H3)	구매할 의사가 없다(H31)	1			2	2
	구매할 가능성이 낮다(H32)	0.974	0.05	19.41		

GFI	AGFI	NFI	RFI	IFI	TLI	CFI	CMIN
0.931	0.889	0.906	0.868	0.962	0.946	0.961	120.395

한국 모형(Anycall)에 관한 신뢰성 분석 결과 아래 국가 이미지 부분에서 한 개 항목이 제거되어 크롬바알파계수가 0.627로 증가되다.

확인적 요인 분석 결과 각 요인의 측정항목에서 모두 유의한 결과를 가져왔다.

모델의 적합도에서 GFI 0.931, CFI 0.961로 만족스러운 결과를 나타내고 있다.

<표 4 – 28> 한국 모형의 요인 간 상관관계(Anycall)

요인	H3	G3	D3	C3	A4
구매의도(H3)	1.000				
태도(G3)	0.785**	1.000			
상징적 이미지(D3)	0.502**	0.541**	1.000		
기능적 이미지(C3)	0.646**	0.744**	0.593**	1.000	
국가 이미지(A4)	0.299**	0.267**	0.67**	0.306**	1.000

** $p < .05$

<표 4 – 29> 한국 모형에 관한 신뢰도 검증(Hyundai)

요인		최초 항목수	제거 항목수	최종 항목수	Cronbach's
한국 (Hyundai)	국가 이미지(A4)	4	1	3	0.627
	국민 이미지(B4)	4		4	0.752
	기능적 이미지(E3)	3	1	2	0.694
	상징적 이미지(F3)	2		2	0.576
	태도(G6)	2		2	0.841
	구매의도(H6)	2		2	0.884

<표 4 - 30> 한국 모형에 관한 확인적 요인 분석 및 적합도(Hyundai)

요인	항목	Estimate	S.E.	C.R.	최초 항목	최종 항목
국가 이미지(A4)	부유한 국가이다(A41)	1.000			3	3
	민주적인 국가이다(A42)	1.142	0.201	5.682		
	국제문제참여도가 높다(A43)	1.279	0.213	6.003		
국민 이미지(B4)	공손(친절)하다(B41)	1.000			4	4
	교육수준이 높다(B42)	0.746	0.097	7.69		
	근면·성실하다(B43)	0.844	0.101	8.329		
	교양이 높다(B44)	0.886	0.117	7.567		
기능적 이미지(E3)	품질이 좋은 제품(E31)	1.000			2	2
	디자인이 좋은 제품(E33)	1.049	0.111	9.424		
상징적 이미지(F3)	세련되어 보인다(F31)	1.000			2	2
	부유해 보인다(F32)	0.906	0.122	7.416		
태도(G6)	매우 싫어한다(G61)	1.000			2	2
	좋지 않은 제품(G62)	0.926	0.072	12.776		
구매의도 (H6)	구매할 의사가 없다(H61)	1.000			2	2
	구매할 가능성이 낮다(H62)	1.015	0.081	12.487		

GFI	AGFI	NFI	RFI	IFI	TLI	CFI	CMIN
0.928	0.885	0.898	0.857	0.954	0.934	0.953	130.218

한국 모형(Hyundai)에 관한 신뢰성 분석 결과 아래 국가 이미지 부분에서 한 개 항목이 제거되어 크롬바알파계수가 0.627로 증가되다.

확인적 요인 분석 결과 각 요인의 측정항목에서 모두 유의한 결과를 가져왔다.

확인적 요인 분석 결과 모델의 적합도에서 GFI 0.928, CFI 0.953로 만족스러운 결과를 나타내고 있다.

<표 4 - 31> 한국 모형의 요인 간 상관분석(Hyundai)

요인	H6	G6	F3	E3	A4
구매의도(H6)	1.000				
태도(G6)	0.634**	1.000			
상징적 이미지(F3)	0.528**	0.716**	1.000		
기능적 이미지(E3)	0.576**	0.783**	0.941**	1.000	
국가 이미지(A4)	0.254**	0.394**	0.601**	0.397**	1.000

** p < .05

제3절 가설검증

1. 구조방정식에 의한 연구 모형의 평가

구조방정식 모형은 관찰되지 않는 이론변수(혹은 잠재변수)를 통해 측정변수들 간의 관계를 설명하고자 하는 방법이다. 즉 변수들 사이의 관계구조를 수식들의 체계로 모형화하는 것이다. 구조방정식 모형의 주요특징은 모형에 사용되는 모든 측정(관측)변수와 잠재변수의 오차가 무시되지 않고 실질적으로 고려된다는 점이며, 이러한 오차를 고려함에 있어서 현실과 동떨어진 제약적 가정이 필요하지 않다는 점이다. 또한 잠재변수들 간의, 잠재변수와 측정변수들 간에 대한, 그리고 측정변수들 간의 인과관계가 전체적으로 고려된다는 특징을 가지고 있다. 모형에 대한 적합성 검정은 구조방정식 모형이 가정에 얼마나 적합한가를 평가하는 것으로, 일반적으로 적합도는 절대적합지수, 증분적합지수, 간명부합지수 등을 이용하여 평가한다. 적합도를 평가하는 수치 중에서 GFI 수치는 절대적합도의 여러 수치 중에 가장 대표성을 나타내는 지표로 인식되고 있다(Marsh & Hocervar. 1988). 절대 적합도의 다른 지표인 RMSEA의 경우 0에 접근하는 작은 수치일수록 양호한 적합도를 나타낸다. RMSEA는 0.05 이하이면 적합도가 우수하며, 0.08을 초과하지 않으면 적절한 적합도의 수준, 그리고 0.1보다 큰 수치를 나타내는 경우 모형의 채택 여부를 재고하여야 한다.

연구 모형의 적합도에 관하여 우선 절대 적합도에서 X^2값이 상대적으로 클 수 있지만 표본규모의 차이에 따라 지나치게 민감하게 변한다는 것이다. X^2적합도의 문제점에 대하여 일찍이 인식되었으며 논란의 중심은 표본의 크기에 관련된 것으로 적합도가 통계이론에 의하면 표본의 크기가 크게 증가하는 경우에도 수치가 유지된다는 것이며, 이를 근거로 본다면 적합도가 적은 표본의 경우 분포를 따르지 않을 수도 있으며, 그렇기 때문에 실제상황에서는 모형평가를 위해 적합하지 않을 수도 있다는 것이다. 마찬가지로 대규모 표본에 의해 가능한 통계적 검정력은 미세한 차이라도 특정 모형을 기각하는 결과를 초래한다. 결과적으로 오직 X^2에 의존하여 모형의 적합성을 판단하는 것은 충분치 않다(Hu & Bentler. 1995)고 볼 수 있다.

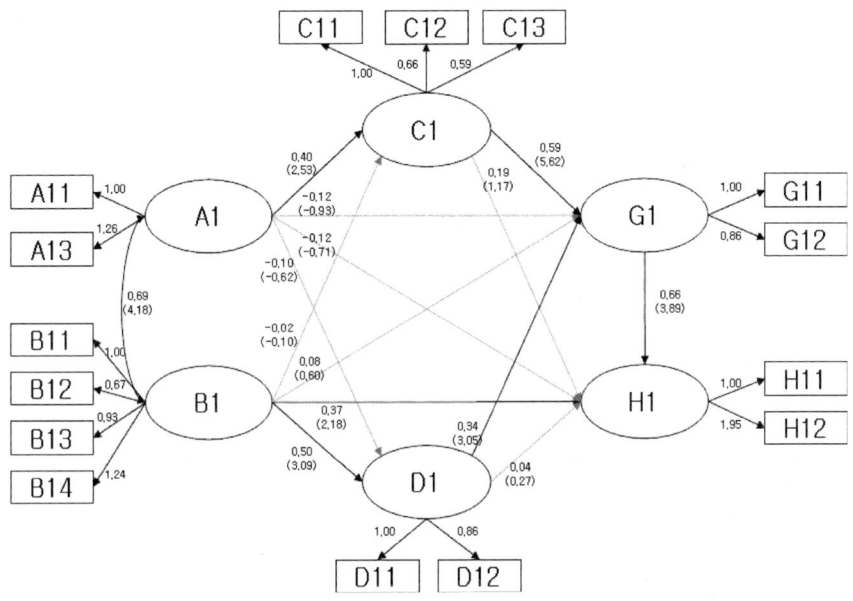

참조: 각 구성요인별 첫 번째 측정항목은 분석 시 추정치를 1.0으로 지정한 것임.

<그림 4-1> 미국의 경로계수 모형(Motorola)

<표 4-32> 미국 모형의 전반적 적합도(Motorola)

GFI	AGFI	RMSEA	NFI	RFI	IFI	TLI	CFI	카이제곱
0.926	0.883	0.061	0.882	0.837	0.944	0.92	0.942	136.987

　　실증분석을 통한 각 경로별 영향정도는 위의 그림에 나와 있는 경로계수의 값, C.R(T값)과 같으며 태도와 구매의도에 대한 선행변수로서 국가 이미지, 국민 이미지, 상징적 이미지, 기능적 이미지의 가설적 관계를 제시하고 있다.

　　연구 모형에 대한 구조방정식 모델분석을 통해 나온 분석결과 가설적 구성모델의 전반적 적합도는 GFI 0.926, AGFI 0.883, CFI 0.942, RMSEA 0.061로 만족스러운 수준으로 측정모델의 자료적합도와 비슷한 수준이었다. 또한 구성개념사이의 표준화된 경로추정치에서 일곱 개의 경로추정치는 C.R.(T값)이 0.05 수준에서 유의한 것으로 나타나 본 연구에서 제안한 가설이 통계적으로 유의한 것으로 나타났다.

<표 4 - 33> 미국 모형에 대한 경로계수 값 및 T값(Motorola)

경로			Estimate	S.E.	C.R.
국가 이미지(A1)	→	기능적 이미지(C1)	0.402	0.159	2.533**
국가 이미지(A1)	→	상징적 이미지(D1)	- 0.095	0.154	- 0.618
국가 이미지(A1)	→	태도(G1)	- 0.124	0.133	- 0.934
국가 이미지(A1)	→	구매의도(H1)	- 0.118	0.167	- 0.706
국민 이미지(B1)	→	기능적 이미지(C1)	- 0.015	0.147	- 0.102
국민 이미지(B1)	→	상징적 이미지(D1)	0.503	0.162	3.097**
국민 이미지(B1)	→	태도(G1)	0.08	0.134	0.596
국민 이미지(B1)	→	구매의도(H1)	0.373	0.171	2.178**
기능적 이미지(C1)	→	태도(G1)	0.594	0.106	5.621**
기능적 이미지(C1)	→	구매의도(H1)	0.185	0.158	1.174
상징적 이미지(D1)	→	태도(G1)	0.345	0.113	3.05**
상징적 이미지(D1)	→	구매의도(H1)	0.04	0.143	0.279
태도(G1)	→	구매의도(H1)	0.66	0.17	3.888**
국가 이미지(A1)	↔	국민 이미지(B1)	0.685	0.164	4.18**

** p < .05

본 연구에서 직접적으로 정(+)의 영향을 미칠 것으로 가정한 국가 이미지가 기능적 이미지에 대한 직접효과의 계수 값 및 C.R.(T값)이 0.402(2.533), 국민 이미지가 상징적 이미지에 대한 직접효과의 계수 값 및 C.R.(T값)이 0.503(3.097), 국민 이미지가 구매의도에 대한 직접효과의 계수 값 및 C.R.(T값)은 0.373(2.178), 기능적 이미지가 태도에 대한 직접효과의 계수 값 및 C.R.(T값)은 0.594(5.621), 상징적 이미지가 태도에 대한 직접효과의 계수 값 및 C.R.(T값)은 0.345(3.05), 태도가 구매의도에 대한 직접효과의 계수 값 및 C.R.(T값)은 0.66(3.888)으로 통계적으로 매우 유의한 것으로 나타났다.

국가 이미지와 국민 이미지의 계수 값 및 C.R.(T값)은 0.685(4.18)로 통계적으로 매우 유의하게 나타났다.

미국의 모형에서 알 수 있다시피 기능적 이미지가 태도에 미치는 계수 값은 0.594, 상징적 이미지가 태도에 미치는 계수 값은 0.345로 0.249의 차이가 남으로 기능적 이미지가 소비자의 태도에 미치는 영향이 상징적 이미지보다 큰 것이다. 즉 중국 소비자들이 Motorola를 선택하는 것은 상징적인 가치보다 실용적인 가치를 중요시하기 때문이라고 말할 수 있겠다.

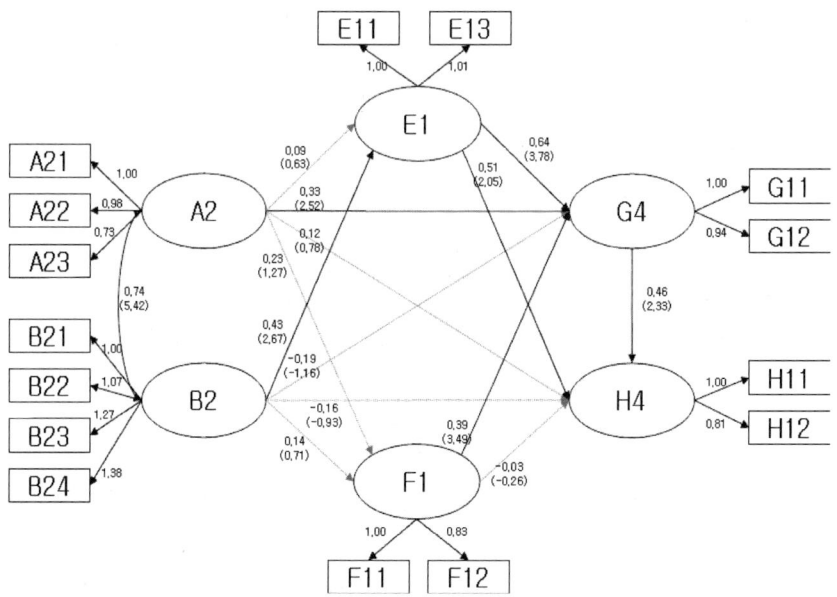

참조: 각 구성요인별 첫 번째 측정항목은 분석 시 추정치를 1.0으로 지정한 것임.

<그림 4-2> 독일의 경로계수 모형(Volkswagen)

<표 4-34> 독일 모형의 전반적 적합도(Volkswagen)

GFI	AGFI	RMSEA	NFI	RFI	IFI	TLI	CFI	카이제곱
0.915	0.866	0.072	0.881	0.836	0.933	0.905	0.932	161.819

실증분석을 통한 각 경로별 영향정도는 위의 그림에 나와 있는 경로계수의 값, C.R(T값)과 같으며 태도와 구매의도에 대한 선행변수로서 국가 이미지, 국민 이미지, 상징적 이미지, 기능적 이미지의 가설적 관계를 제시하고 있다.

연구 모형에 대한 구조방정식 모델분석을 통해 나온 분석결과 가설적 구성모델의 전반적 적합도는 GFI 0.915, ACFI 0.866, CFI 0.932, RMSEA 0.072로 만족스러운 수준으로 측정모델의 자료적합도와 비슷한 수준이었다. 또한 구성개념 사이의 표준화된 경로추정치에서 일곱 개의 경로추정치는 C.R.(T값)이 0.05 수준에서 유의한 것으로 나타나 본 연구에서 제안한 가설이 통계적으로 유의한 것으로 나타났다.

<표 4-35> 독일 모형에 대한 경로계수 값 및 T값(Volkswagen)

경로			Estimate	S.E.	C.R.
국가 이미지(A2)	→	기능적 이미지(E1)	0.086	0.137	0.628
국가 이미지(A2)	→	상징적 이미지(F1)	0.229	0.18	1.273
국가 이미지(A2)	→	태도(G4)	0.331	0.131	2.522**
국가 이미지(A2)	→	구매의도(H4)	0.143	0.184	0.78
국민 이미지(B2)	→	기능적 이미지(E1)	0.433	0.162	2.676**
국민 이미지(B2)	→	상징적 이미지(F1)	0.138	0.195	0.709
국민 이미지(B2)	→	태도(G4)	-0.185	0.159	-1.159
국민 이미지(B2)	→	구매의도(H4)	-0.202	0.215	-0.939
기능적 이미지(E1)	→	태도(G4)	0.645	0.171	3.78**
기능적 이미지(E1)	→	구매의도(H4)	0.634	0.301	2.105**
상징적 이미지(F1)	→	태도(G4)	0.385	0.11	3.494**
상징적 이미지(F1)	→	구매의도(H4)	-0.04	0.157	-0.256
태도(G4)	→	구매의도(H4)	0.569	0.236	2.41**
국가 이미지(A2)	↔	국민 이미지(B2)	0.743	0.137	5.419**

** p < .05

본 연구에서 직접적으로 정(+)의 영향을 미칠 것으로 가정한 국가 이미지가 태도에 대한 직접효과의 계수 값 및 C.R.(T값)이 0.331(2.522), 국민 이미지가 기능적 이미지에 대한 직접효과의 계수 값 및 C.R.(T값)이 0.433(2.676), 기능적 이미지가 태도에 대한 직접효과의 계수 값 및 C.R.(T값)은 0.645(3.78), 기능적 이미지가 태도에 대한 직접효과의 계수 값 및 C.R.(T값)은 0.634(2.105), 상징적 이미지가 태도에 대한 직접효과의 계수 값 및 C.R.(T값)은 0.385(3.494), 태도가 구매의도에 대한 직접효과의 계수 값 및 C.R.(T값)은 0.569(2.41)로 통계적으로 매우 유의한 것으로 나타났다.

국가 이미지와 국민 이미지의 계수 값 및 C.R.(T값)은 0.743(5.419)으로 통계적으로 매우 유의하게 나타났다.

태도에 유의적인 결과를 미친 경로계수 값을 비교하면 기능적 이미지(0.645)>상징적 이미지(0.385)>국민 이미지(0.331)의 순으로 되고 있다. 경로계수를 비교한 결과 상징적 이미지가 태도에 미치는 경로계수 값은 기능적 이미지보다 0.26 많은 것으로 미국 모형과 같이 태도에 더 큰 영향을 미친 것이다. 이것은 독일의 Volkswagen은 중국에서 고급승용차가 많지만 택시로 많이 사용되기에 중국 소비자들에게 실용적인 면이 더욱 강조되는 것으로 이해되고 있다.

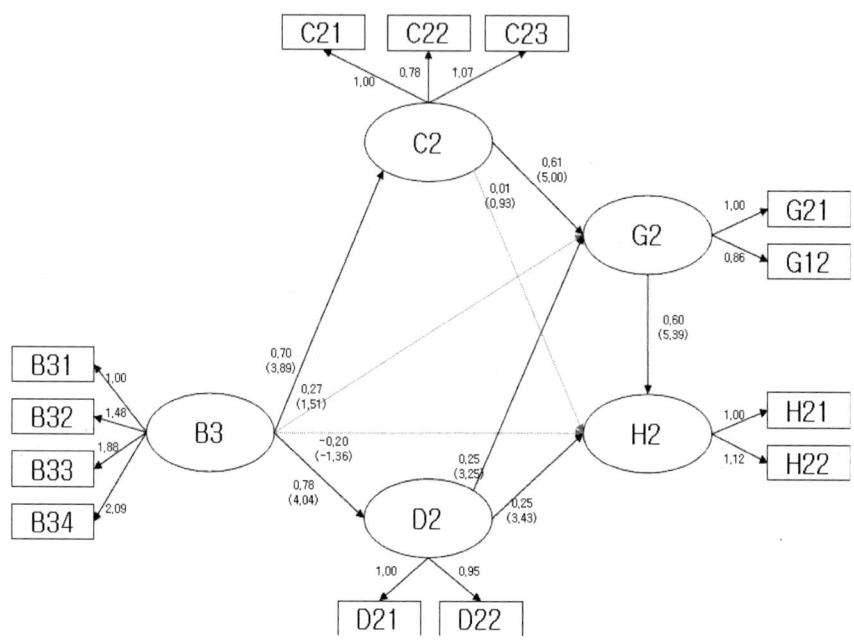

참조: 각 구성요인별 첫 번째 측정항목은 분석 시 추정치를 1.0으로 지정한 것임.

<그림 4 - 3> 일본의 경로계수 모형(NEC)

<표 4 - 36> 일본 모형의 전반적 적합도(NEC)

GFI	AGFI	RMSEA	NFI	RFI	IFI	TLI	CFI	카이제곱
0.895	0.829	0.098	0.876	0.827	0.913	0.876	0.911	172.517

일본의 원 모형의 국가 이미지 요인의 신뢰도 수준이 너무 낮은 상황하에서 일본 모형에서 국가 이미지 요인을 취소하고 국민 이미지를 모형의 독립변수로 남긴 것으로 모형을 수정하였다.

실증분석을 통한 각 경로별 영향정도는 위의 그림에 나와 있는 경로계수의 값, C.R(T값)과 같으며 태도와 구매의도에 대한 선행변수로서 국민 이미지, 상징적 이미지, 기능적 이미지의 가설적 관계를 제시하고 있다.

일본의 수정 모형의 적합도를 보면 GFI는 0.895, AGFI 0.829, CFI 0.911, RMSEA 0.098로 비교적 만족스러운 결과이다. RMSEA의 수준은 0.1을 초과하지 않았으므로 본 모형의 적합도는 만족스럽다고 본다.

또한 구성개념 사이의 표준화된 경로추정치에서 여섯 개의 경로추정치는 C.R.(T값)이 0.05 수준에서 유의한 것으로 나타나 본 연구에서 제안한 가설이 통계적으로 유의한 것으로 나타났다.

<표 4-37> 일본 모형에 대한 경로계수 값 및 T값(NEC)

경로			Estimate	S.E.	C.R.
국민 이미지(B3)	→	기능적 이미지(C2)	0.702	0.181	3.886**
국민 이미지(B3)	→	상징적 이미지(D2)	0.782	0.194	4.037**
국민 이미지(B3)	→	태도(G2)	0.267	0.176	1.515
국민 이미지(B3)	→	구매의도(H2)	− 0.22	0.161	− 1.364
기능적 이미지(C2)	→	태도(G2)	0.611	0.123	4.981**
기능적 이미지(C2)	→	구매의도(H2)	0.011	0.13	0.084
상징적 이미지(D2)	→	태도(G2)	0.253	0.078	3.248**
상징적 이미지(D2)	→	구매의도(H2)	0.281	0.081	3.461**
태도(G2)	→	구매의도(H2)	0.678	0.122	5.535**

** $p < .05$

본 연구에서 직접적으로 정(+)의 영향을 미칠 것으로 가정한 국민 이미지가 기능적 이미지에 대한 직접효과의 계수 값 및 C.R.(T값)이 0.702(3.886), 국민 이미지가 상징적 이미지에 대한 직접효과의 계수 값 및 C.R.(T값)이 0.782(4.037), 기능적 이미지가 태도에 대한 직접효과의 계수 값 및 C.R.(T값)은 0.611(4.981), 상징적 이미지가 태도에 대한 직접효과의 계수 값 및 C.R.(T값)은 0.253(3.248), 상징적 이미지가 구매의도에 대한 직접효과의 계수 값 및 C.R.(T값)은 0.281(3.461), 태도가 구매의도에 대한 직접효과의 계수 값 및 C.R.(T값)은 0.678(5.535)로 통계적으로 매우 유의한 것으로 나타났다.

태도에 유의적인 결과를 미친 경로계수 값을 비교하면 기능적 이미지의 경로계수 값은 0.611, 상징적 이미지의 경로계수 값은 0.253으로 되고 있다. 경로계수를 비교한 결과 기능적 이미지가 태도에 미치는 경로계수 값은 상징적 이미지보다 0.358많은 것으로 위의 모형과 같이 태도에 더 큰 영향을 미친 것이다.

현대사회의 생산성이 동일화되고 마케팅 사회로 진입하였지만 일본 제품에 대한 인식이 아직도 기술적으로 선진적인 제품으로 중국 소비자들에게 인식이 되고 있다. 일본 휴대폰의 중국 시장에서 전반적인 실패는 일본기업들이 기술적 우세를 믿고 상징적 이미지를 소홀히 한 것과 관계가 많은 것으로 보고 있다.

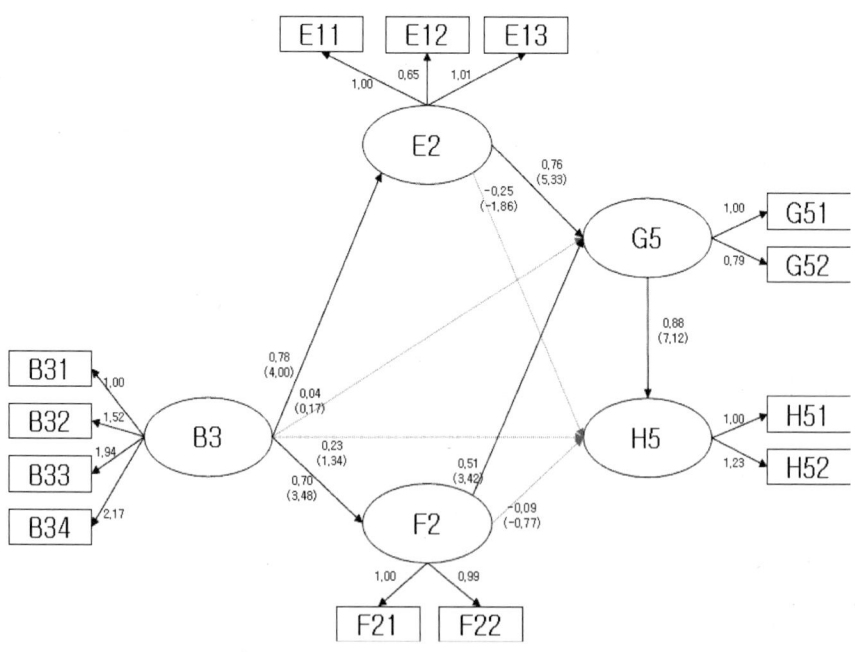

참조: 각 구성요인별 첫 번째 측정항목은 분석 시 추정치를 1.0으로 지정한 것임.

<그림 4 - 4> 일본의 경로계수 모형(Honda)

<표 4 - 38> 일본 모형의 전반적 적합도(Honda)

GFI	AGFI	RMSEA	NFI	RFI	IFI	TLI	CFI	카이제곱
0.917	0.865	0.078	0.895	0.854	0.938	0.912	0.936	129.605

일본의 원 모형의 국가 이미지 요인의 신뢰도 수준이 너무 낮은 상황하에서 일본 모형에서 국가 이미지 요인을 취소하고 국민 이미지를 모형의 독립변수로 남긴 것으로 모형을 수정하였다. 실증분석을 통한 각 경로별 영향정도는 위의 그림에 나와 있는 경로계수의 값, C.R(T값)과 같으며 태도와 구매의도에 대한 선행변수로서 국가 이미지, 국민 이미지, 상징적 이미지, 기능적 이미지의 가설적 관계를 제시하고 있다.

일본의 수정 모형의 적합도를 보면 GFI는 0.917, AGFI 0.865, CFI 0.936, RMSEA 0.078로 비교적 만족스러운 결과이다.

또한 구성개념 사이의 표준화된 경로추정치에서 다섯 개의 경로추정치는 C.R.(T값)이 0.05 수준에서 유의한 것으로 나타나 본 연구에서 제안한 가설이 통계적으로 유의한 것으로 나타났다.

<표 4 - 39> 일본 모형에 대한 경로계수 값 및 T값(Honda)

경로			Estimate	S.E.	C.R.
국민 이미지(B3)	→	기능적 이미지(E2)	0.779	0.194	4.004**
국민 이미지(B3)	→	상징적 이미지(F2)	0.695	0.199	3.486**
국민 이미지(B3)	→	태도(G5)	0.039	0.228	0.170
국민 이미지(B3)	→	구매의도(H5)	0.278	0.206	1.346
기능적 이미지(E2)	→	태도(G5)	0.76	0.142	5.333**
기능적 이미지(E2)	→	구매의도(H5)	− 0.311	0.171	− 1.816
상징적 이미지(F2)	→	태도(G5)	0.513	0.15	3.429**
상징적 이미지(F2)	→	구매의도(H5)	− 0.116	0.15	− 0.773
태도(G5)	→	구매의도(H5)	0.884	0.124	7.123**

** p < .05

본 연구에서 직접적으로 정(+)의 영향을 미칠 것으로 가정한 국민 이미지가 기능적 이미지에 대한 직접효과의 계수 값 및 C.R.(T값)이 0.779(4.004), 국민 이미지가 상징적 이미지에 대한 직접효과의 계수 값 및 C.R.(T값)이 0.695(3.486), 기능적 이미지가 태도에 대한 직접효과의 계수 값 및 C.R.(T값)은 0.76(5.333), 상징적 이미지가 태도에 대한 직접효과의 계수 값 및 C.R.(T값)은 0.513(3.429), 태도가 구매의도에 대한 직접효과의 계수 값 및 C.R.(T값)은 0.884(7.123)로 통계적으로 매우 유의한 것으로 나타났다.

태도에 유의적인 결과를 미친 경로계수 값을 비교하면 기능적 이미지의 경로계수 값은 0.76, 상징적 이미지의 경로계수 값은 0.513으로 되고 있다. 경로계수를 비교한 결과 기능적 이미지가 태도에 미치는 경로계수 값은 상징적 이미지보다 0.247 많은 것으로 위의 모형과 같이 태도에 더 큰 영향을 미친 것이다.

일본의 휴대폰과 승용차를 볼 때 모두 기능적인 특징이 상징적인 것보다 훨씬 우세를 보이고 있다.

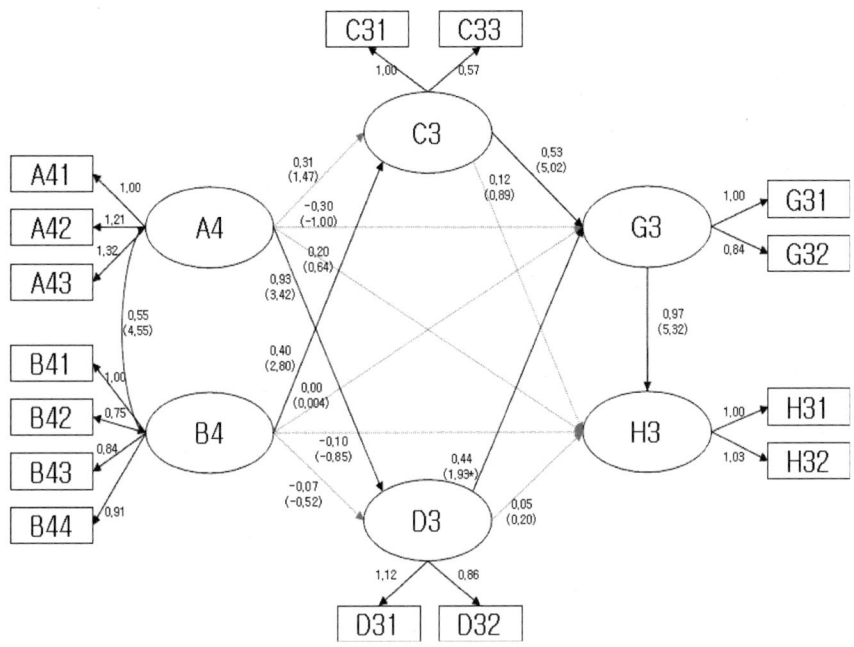

참조: 각 구성요인별 첫 번째 측정항목은 분석 시 추정치를 1.0으로 지정한 것임.

<그림 4 - 5> 한국의 경로계수 모형(Anycall)

<표 4 - 40> 한국 모형의 전반적 모형의 적합도(Anycall)

GFI	AGFI	RMSEA	NFI	RFI	IFI	TLI	CFI	카이제곱
0.923	0.878	0.06	0.895	0.855	0.951	0.931	0.950	134.443

실증분석을 통한 각 경로별 영향정도는 위의 그림에 나와 있는 경로계수의 값, C.R(T값)과 같으며 태도와 구매의도에 대한 선행변수로서 국가 이미지, 국민 이미지, 상징적 이미지, 기능적 이미지의 가설적 관계를 제시하고 있다.

연구 모형에 대한 구조방정식 모델분석을 통해 나온 분석결과 가설적 구성모델의 전반적 적합도는 GFI 0.923, AGFI 0.878, CFI 0.950, RMSEA 0.06로 만족스러운 수준으로 측정모델의 자료적합도와 비슷한 수준이었다. 또한 구성개념 사이의 표준화된 경로추정치에서 여섯 개의 경로추정치는 C.R.(T값)이 0.05 수준에서 유의한 것으로 나타나 본 연구에서 제안한 가설이 통계적으로 유의한 것으로 나타났다.

<표 4-41> 한국 모형에 대한 경로계수 값 및 T값(Anycall)

경로			Estimate	S.E.	C.R.
국가 이미지(A4)	→	기능적 이미지(C3)	0.309	0.21	1.47
국가 이미지(A4)	→	상징적 이미지(D3)	0.929	0.272	3.419**
국가 이미지(A4)	→	태도(G3)	-0.303	0.304	-0.997
국가 이미지(A4)	→	구매의도(H3)	0.205	0.322	0.637
국민 이미지(B4)	→	기능적 이미지(C3)	0.404	0.144	2.802**
국민 이미지(B4)	→	상징적 이미지(D3)	-0.073	0.142	-0.517
국민 이미지(B4)	→	태도(G3)	0.000	0.118	-0.004
국민 이미지(B4)	→	구매의도(H3)	-0.105	0.123	-0.849
기능적 이미지(C3)	→	태도(G3)	0.534	0.106	5.016**
기능적 이미지(C3)	→	구매의도(H3)	0.12	0.135	0.888
상징적 이미지(D3)	→	태도(G3)	0.443	0.23	1.926*
상징적 이미지(D3)	→	구매의도(H3)	0.05	0.25	0.199
태도(G3)	→	구매의도(H3)	0.995	0.183	5.45**
국가 이미지(A4)	↔	국민 이미지(B4)	0.55	0.121	4.548**

* $p < .10$ ** $p < .05$

본 연구에서 직접적으로 정(+)의 영향을 미칠 것으로 가정한 국가 이미지가 상징적 이미지에 대한 직접효과의 계수 및 C.R.(T값)이 0.929(3.419), 국민 이미지가 기능적 이미지에 대한 직접효과의 계수 값 및 C.R.(T값)이 0.404(2.802), 기능적 이미지가 태도에 대한 직접 효과의 계수 값 및 C.R.(T값)은 0.534(5.016), 상징적 이미지가 태도 에 대한 직접효과의 계수 값 및 C.R.(T값)은 0.443(1.926), 태도가 구 매의도에 대한 직접효과의 계수 값 및 C.R.(T값)은 0.995(5.45)로 통 계적으로 매우 유의한 것으로 나타났다.

국가 이미지와 국민 이미지의 계수 값 및 C.R.(T값)은 0.55(4.548)

로 통계적으로 매우 유의하게 나타났다.

태도에 유의적인 결과를 미친 경로계수 값을 비교하면 기능적 이미지의 경로계수 값은 0.534, 상징적 이미지의 경로계수 값은 0.443으로 되고 있다. 경로계수를 비교한 결과 기능적 이미지가 태도에 미치는 경로계수 값은 상징적 이미지보다 0.09많은 것으로 거의 비슷하게 태도에 영향을 미치고 있다.

한국 휴대폰의 기능적인 이미지와 상징적인 이미지의 많지 않은 차이는 중국 소비자들이 한국제품에 대한 선택은 기능적인 면이 중요한 것도 있지만 상징적인 면도 상당히 중요시하고 있다는 것을 의미하고 있다. 이것은 한국의 Anycall제품은 중국 시장의 공략에 있어서 고가격 전략으로 고소득층을 겨냥한 것과 관계가 많다고 본다.

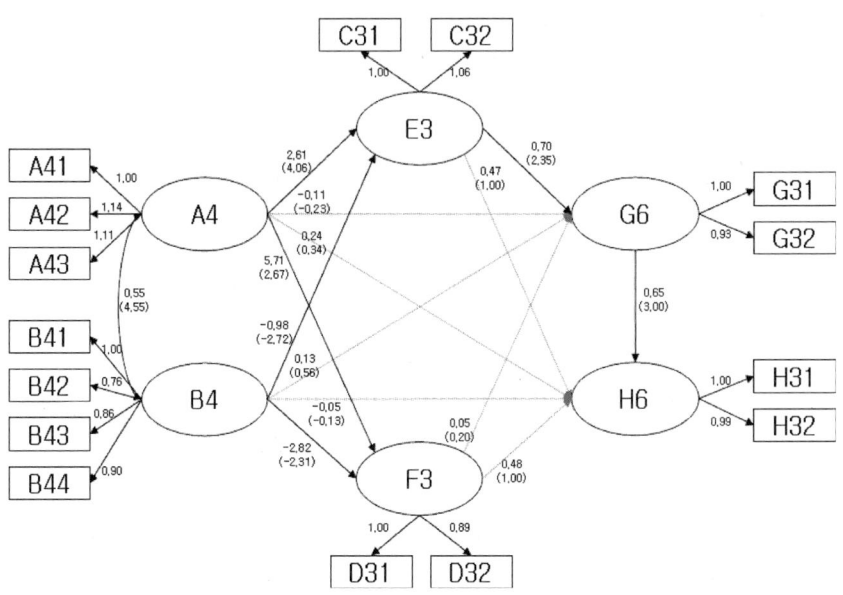

참조: 각 구성요인별 첫 번째 측정항목은 분석 시 추정치를 1.0으로 지정한 것임.

<그림 4-6> 한국의 경로계수 모형(Hyundai)

<표 4 - 42> 한국 모형의 전반적 적합도(Hyundai)

GFI	AGFI	RMSEA	NFI	RFI	IFI	TLI	CFI	카이제곱
0.916	0.867	0.071	0.876	0.829	0.931	0.903	0.93	158.604

실증분석을 통한 각 경로별 영향정도는 위의 그림에 나와 있는 경로계수의 값, C.R(T값)과 같으며 태도와 구매의도에 대한 선행변수로서 국가 이미지, 국민 이미지, 상징적 이미지, 기능적 이미지의 가설적 관계를 제시하고 있다.

연구 모형에 대한 구조방정식 모델분석을 통해 나온 분석결과 가설적 구성모델의 전반적 적합도는 GFI 0.916, AGFI 0.867, CFI 0.93, RMSEA 0.071로 만족스러운 수준으로 측정모델의 자료적합도와 비슷한 수준이었다. 또한 구성개념사이의 표준화된 경로추정치에서 일곱 개의 경로추정치는 C.R.(T값)이 0.05 수준에서 유의한 것으로 나타나 본 연구에서 제안한 가설이 통계적으로 유의한 것으로 나타났다.

<표 4 - 43> 한국 모형에 대한 경로계수 값 및 T값(Hyundai)

경로			Estimate	S.E.	C.R.
국가 이미지(A4)	→	기능적 이미지(E3)	2.613	0.643	4.062**
국가 이미지(A4)	→	상징적 이미지(F3)	5.706	2.139	2.668**
국가 이미지(A4)	→	태도(G6)	−0.11	0.484	−0.227
국가 이미지(A4)	→	구매의도(H6)	0.235	0.682	0.344
국민 이미지(B4)	→	기능적 이미지(E3)	−0.977	0.359	−2.719**
국민 이미지(B4)	→	상징적 이미지(F3)	−2.822	1.222	−2.310**
국민 이미지(B4)	→	태도(G6)	0.13	0.23	0.564
국민 이미지(B4)	→	구매의도(H6)	−0.044	0.339	−0.130
기능적 이미지(E3)	→	태도(G6)	0.697	0.296	2.35**
기능적 이미지(E3)	→	구매의도(H6)	0.465	0.464	1.002
상징적 이미지(F3)	→	태도(G6)	0.053	0.262	0.202
상징적 이미지(F3)	→	구매의도(H6)	−0.252	0.384	−0.657
태도(G6)	→	구매의도(H6)	0.639	0.212	3.013**
국가 이미지(A4)	↔	국민 이미지(B4)	0.55	0.121	4.548**

** p < .05

본 연구에서 직접적으로 정(+)의 영향을 미칠 것으로 가정한 국가 이미지가 기능적 이미지에 대한 직접효과의 계수 및 C.R.(T값)이 2.613(4.062), 국가 이미지가 상징적 이미지에 대한 직접효과의 계수 및 C.R.(T값)이 5.706(2.668), 기능적 이미지가 태도에 대한 직접효과의 계수 값 및 C.R.(T값)은 0.697(2.35), 태도가 구매의도에 대한 직접효과의 계수 값 및 C.R.(T값)은 0.639(3.013)로 통계적으로 매우 유의한 것으로 나타났다. 국민 이미지가 기능적 이미지 및 상징적 이미지에 대한 경로계수 값이 부수로 나온 것은 본 모델의 경우 중국 소비자들은 아직도 감성적으로 해당국 국민에 대한 호감 등과 같은 관계적인 측면에 의해 더욱 영향을 받고 있음을 의미한다.

국가 이미지와 국민 이미지의 계수 값 및 C.R.(T값)은 0.55(4.548)로 통계적으로 매우 유의하게 나타났다.

2. 가설검증

1) 가설 1에 대한 검증

〈가설 1〉
국가 이미지와 국민 이미지는 정의 상관관계를 가질 것이다.

미국, 독일, 한국 모형에 대한 검증 결과 세 개의 모형에서 국가 이미지와 국민 이미지의 상관관계는 유의한 결과를 보이고 있다. 즉 국민 이미지와 국가 이미지는 서로의 상호관계가 강하며 서로 영향을 준다는 것을 의미하고 있다. 본 연구결과는 국가적인 차원에서 국가

이미지에 상당한 영향을 주는 것은 국민 이미지라는 것을 간접적으로 증명하기도 한다.

본 연구에서는 국가 이미지와 국민 이미지의 서로의 인과관계를 검증하지 못하였고 서로의 상호관계에서 영향력의 차이도 비교하지 못하였다. 이후의 연구에서 이러한 관계에 대한 연구를 심화하는 것도 하나의 방향일 수 있다.

<표 4 - 44> 가설 1에 대한 검증

구분			경로 계수	S.E.	C.R.	가설 검증
미국 (휴대폰)	국가 이미지(A1)	↔ 국민 이미지(B1)	0.685	0.164	4.18**	채택
독일 (승용차)	국가 이미지(A2)	↔ 국민 이미지(B2)	0.743	0.137	5.419**	채택
한국 (휴·승)	국가 이미지(A4)	↔ 국민 이미지(B4)	0.55	0.121	4.548**	채택

** p < .05

2) 가설 2에 대한 검증

─── 〈가설 2〉 ───
국가 이미지는 제품의 기능적 이미지에 정의 영향을 미칠 것이다.

(1) 일반적 국가 이미지는 제품의 기능적 이미지에 정의 영향을 미칠 것이다

사회과학은 사회현상을 발견하고 해석하는 기능을 가지고 있다. 미국, 독일, 한국에 대한 가설검증 결과를 볼 때 일반적 국가 이미지의 차원은 국가에 따라 제품에 따라 유의적인 결과가 서로 다르다는 것

을 알 수 있다. 본 연구의 미국 모형과 한국(승용차) 모형에서 일반적 국가 이미지는 기능적인 이미지에 모두 유의적인 결과를 보였지만 독일과 한국(휴대폰) 모형에서 일반적 국가 이미지는 제품의 기능적인 이미지에 유의적인 결과를 보여 주지 못하고 있다.

<표 4-45> 가설 2-1에 대한 검증

구분			경로계수	S.E.	C.R.	가설검증
미국(휴대폰)	국가 이미지(A1)	→ 기능적 이미지(C1)	0.402	0.159	2.533**	채택
독일(승용차)	국가 이미지(A2)	→ 기능적 이미지(E1)	0.086	0.137	0.628	기각
한국(휴대폰)	국가 이미지(A4)	→ 기능적 이미지(C3)	0.309	0.21	1.47	기각
한국(승용차)	국가 이미지(A4)	→ 기능적 이미지(E3)	2.613	0.643	4.062**	채택

** $p < .05$

(2) 국민 이미지는 제품의 기능적 이미지에 정의 영향을 미칠 것이다

본 가설을 볼 때 독일, 일본, 한국(휴대폰) 모형에서 국민 이미지가 제품의 기능적 이미지에 미치는 영향은 모두 유의적인 결과를 보이고 있다. 미국 모형과 한국(승용차) 모형에서 국민 이미지가 제품의 기능적 이미지에 미치는 영향은 유의적이지 못하게 나왔다. 특히 한국 국민 이미지의 모형에서 국민 이미지의 경로계수는 마이너스를 보이고 있다. 이것은 중국 소비자들이 아직도 국가와 제품에 대한 평가에서 아직도 자기의 감성적인 면으로 많이 평가하는 것으로 보인다고 할 수 있다.

여기에서 알 수 있다시피 모든 국가의 전체적인 국가 이미지 차원에서 모두 기능적인 이미지에 영향을 준다는 것을 알 수 있다. 즉 일반적 국가 이미지는 독일과 한국(휴대폰) 모형에서 유의적인 결과를

보이지 않았지만 국민 이미지가 기능적인 이미지에 미치는 영향에서 독일과 한국(휴대폰) 모형은 유의적인 결과를 보이고 있다. 일반적인 국가 이미지에서 제품의 기능적 이미지에 영향을 미치지 못하면 국민 이미지에서 제품의 기능적 이미지에 영향을 미치는 것으로 되고 있다.

<표 4-45> 가설 2-2에 대한 검증

구분			경로계수	S.E.	C.R.	가설검증
미국 (휴대폰)	국민 이미지(B1) →	기능적 이미지(C1)	-0.015	0.147	-0.102	기각
독일 (승용차)	국민 이미지(B2) →	기능적 이미지(E1)	0.433	0.162	2.676**	채택
일본 (휴대폰)	국민 이미지(B3) →	기능적 이미지(C2)	0.702	0.181	3.886**	채택
일본 (승용차)	국민 이미지(B3) →	기능적 이미지(E2)	0.779	0.194	4.004**	채택
한국 (휴대폰)	국민 이미지(B4) →	기능적 이미지(C3)	0.404	0.144	2.802**	채택
한국 (승용차)	국민 이미지(B4) →	기능적 이미지(E3)	-0.977	0.359	-2.719**	기각

** $p < .05$

3) 가설3에 대한 검증

─── 〈가설 3〉 ───────────────────────
국가 이미지는 제품의 상징적 이미지에 정의 영향을 미칠 것이다.

(1) 일반적 국가 이미지는 제품의 상징적 이미지에 정의 영향을 미칠 것이다.

일반적 국가 이미지가 상징적 이미지에 대한 영향은 한국 모형에서 모두 유의적인 결과를 보이고 있다. 한국의 국가 이미지는 브랜드의 상징적 이미지에 긍정적인 영향을 미친다는 이 결과를 볼 때 국가 이미지에 긍정적인 영향을 미칠 수 있도록 국가 차원의 대폭적인 지지가 필요하다. 한국정부 및 기업차원에서 국가 이미지에 대한 긍정적인 영향을 확장해 나가야 필요가 있다는 것은 절대적으로 필요할 것이다.

<표 4-46> 가설 3-1에 대한 검증

구분		경로계수	S.E.	C.R.	가설검증
미국 (휴대폰)	국가 이미지(A1) → 상징적 이미지(D1)	-0.095	0.154	-0.618	기각
독일 (승용차)	국가 이미지(A2) → 상징적 이미지(F1)	0.229	0.18	1.273	기각
한국 (휴대폰)	국가 이미지(A4) → 상징적 이미지(D3)	0.929	0.272	3.419**	채택
한국 (승용차)	국가 이미지(A4) → 상징적 이미지(F3)	5.706	2.139	2.668**	채택

** $p < .05$

(2) 국민 이미지는 제품의 상징적 이미지에 정의 영향을 미칠 것이다

국민 이미지가 상징적 이미지에 대한 영향에서 미국, 일본 모형이 모두 유의적인 결과를 보였고 독일과 한국 모형에서는 유의적인 결과를 미치지 못하였다.

전반적인 국가 이미지 차원에서 상징적 이미지를 볼 때 미국 모형은 일반적인 국가 이미지에서 상징적 이미지에 유의적인 결과를 미치지 못하였지만 국민 이미지에서 상징적 이미지에 유의적인 결과를 미치었다. 유일하게 독일 모형은 국가 이미지 차원에서의 일반적 국가 이미지, 국민 이미지 모두가 상징적 이미지에 유의적인 결과를 미치지 못하였다. 이것은 연구에서 독일 승용차에 대한 제품 선정에서

Volkswagen이 조사제품으로 된 것과 관계가 많다고 본다. 중국에서 Volkswagen이 고가격 승용차를 가지고 있지만 대중적인 저가격 승용차가 많고 택시가 제일 많이 사용하기 때문이다.

<표 4-47> 가설 3-2에 대한 검증

구분			경로계수	S.E.	C.R.	가설검증
미국 (휴대폰)	국민 이미지(B1)	→ 상징적 이미지(D1)	0.503	0.162	3.097**	채택
독일 (승용차)	국민 이미지(B2)	→ 상징적 이미지(F1)	0.138	0.195	0.709	기각
일본 (휴대폰)	국민 이미지(B3)	→ 상징적 이미지(D2)	0.782	0.194	4.037**	채택
일본 (승용차)	국민 이미지(B3)	→ 상징적 이미지(F2)	0.695	0.199	3.486**	채택
한국 (휴대폰)	국민 이미지(B4)	→ 상징적 이미지(D3)	-0.073	0.142	-0.517	기각
한국 (승용차)	국민 이미지(B4)	→ 상징적 이미지(F3)	-2.822	1.222	-2.310	기각

** $p < .05$

4) 가설 4에 대한 검증

─── 〈가설 4〉 ───
국가 이미지는 제품의 태도에 정의 영향을 미칠 것이다.

(1) 일반적 국가 이미지는 제품의 태도에 정의 영향을 미칠 것이다.
일반적 국가 이미지가 태도에 미치는 영향에서 독일 모형에만 유의적인 결과를 보이고 있다. 미국 모형과 한국 모형에서는 모두 유의적인 결과를 미치지 못하였다. 이것은 중국 소비자들이 독일 자동차에 대한 전반적인 긍정적인 인식으로 풀이될 수 있다.

<표 4-48> 가설 4-1에 대한 검증

구분			경로 계수	S.E.	C.R.	가설검증
미국 (휴대폰)	국가 이미지(A1) →	태도(G1)	-0.124	0.133	-0.934	기각
독일 (승용차)	국가 이미지(A2) →	태도(G4)	0.331	0.131	2.522**	채택
한국 (휴대폰)	국가 이미지(A4) →	태도(G3)	-0.303	0.304	-0.997	기각
한국 (승용차)	국가 이미지(A4) →	태도(G6)	-0.11	0.484	-0.227	기각

** p < .05

(2) 국민 이미지는 제품의 태도에 정의 영향을 미칠 것이다

국민 이미지가 제품의 태도에 미치는 경로계수는 모두 유의적인 결과를 나타내지 못하였다. 이것은 단순한 국민 이미지로만 중국 소비자들이 제품에 대한 태도에 영향을 줄 수 없다는 것을 의미한다.

태도에 미치는 국가 이미지의 전반적인 영향에서 국가 이미지의 경로계수는 독일의 일반적 국가 이미지를 제외하고 모두 유의적인 결과를 미치지 못하고 있다. 국가 이미지가 소비자의 태도에 직접적인 영향을 미치기에는 주로 제품의 기능적 이미지와 상징적 이미지를 통하여 소비자의 태도에 영향을 미치는 것으로 보인다.

<표 4 - 49> 가설 4 - 2에 대한 검증

구분			경로 계수	S.E.	C.R.	가설검증
미국 (휴대폰)	국민 이미지(B1) →	태도(G1)	0.08	0.134	0.596	기각
독일 (승용차)	국민 이미지(B2) →	태도(G4)	- 0.185	0.159	- 1.159	기각
일본 (휴대폰)	국민 이미지(B3) →	태도(G2)	0.267	0.176	1.515	기각
일본 (승용차)	국민 이미지(B3) →	태도(G5)	0.039	0.228	0.170	기각
한국 (휴대폰)	국민 이미지(B4) →	태도(G3)	0.000	0.118	- 0.004	기각
한국 (승용차)	국민 이미지(B4) →	태도(G6)	0.13	0.23	0.564	기각

5) 가설 5에 대한 검증

─── 〈가설 5〉 ───────────────────

국가 이미지는 제품의 구매의도에 정의 영향을 미칠 것이다.

(1) 일반적 국가 이미지는 제품의 구매의도에 정의 영향을 미칠 것
이다.

일반적 국가 이미지가 구매의도에 정의 영향을 미친다는 가설은 모
두 유의적인 결과를 나타내지 못하였다. 일반적 국가 이미지의 구매
의도에 대한 직접적인 영향은 전체 모형에서 모두 기각으로 나타내고
있다. 일반적 국가 이미지가 소비자의 구매의도에 직접적인 영향을
미치지 못한다는 것을 의미한다.

<표 4-50> 가설 5-1에 대한 검증

구분		경로 계수	S.E.	C.R.	가설 검증
미국 (휴대폰)	국가 이미지(A1) → 구매의도(H1)	-0.118	0.167	-0.706	기각
독일 (승용차)	국가 이미지(A2) → 구매의도(H4)	0.143	0.184	0.78	기각
한국 (휴대폰)	국가 이미지(A4) → 구매의도(H3)	0.205	0.322	0.637	기각
한국 (승용차)	국가 이미지(A4) → 구매의도(H6)	0.235	0.682	0.344	기각

(2) 국민 이미지는 제품의 구매의도에 정의 영향을 미칠 것이다.

국민 이미지가 제품의 구매의도에 미치는 영향은 미국 모형에서 유의적인 결과를 나타냈고 기타 모형에서는 유의적인 결과를 나타내지 못하였다. 본 모형에서 알 수 있다시피 미국이 한국의 이동전화 시장을 진입할 때부터 휴대폰의 광고와 이미지 부각에서 외국인 모델을 주로 많이 쓴 것이 긍정적인 역할을 한 것으로 보인다.

<표 4-51> 가설 5-2에 대한 검증

구분		경로 계수	S.E.	C.R.	가설 검증
미국 (휴대폰)	국민 이미지(B1) → 구매의도(H1)	0.373	0.171	2.178**	채택
독일 (승용차)	국민 이미지(B2) → 구매의도(H4)	-0.202	0.215	-0.939	기각
일본 (휴대폰)	국민 이미지(B3) → 구매의도(H2)	-0.22	0.161	-1.364	기각
일본 (승용차)	국민 이미지(B3) → 구매의도(H5)	0.278	0.206	1.346	기각
한국 (휴대폰)	국민 이미지(B4) → 구매의도(H3)	-0.105	0.123	-0.849	기각
한국 (승용차)	국민 이미지(B4) → 구매의도(H6)	-0.044	0.339	-0.130	기각

** $p < .05$

6) 가설 6에 대한 검증

〈가설6〉

브랜드 이미지는 태도에 정의 영향을 미칠 것이다.

---

(1) 기능적 이미지는 태도에 정의 영향을 미칠 것이다

기능적 이미지는 여섯 개의 모형에서 모두 유의적인 결과를 나타내었다. 이것은, 중국 소비자들의 브랜드에 대한 태도는 기능적 이미지가 절대적인 영향력을 가지고 있다는 것을 의미하고 있다. 중국 소비자들의 기능적인 면을 중요시하는 실용적 면도 나타나고 있음을 의미한다.

<표 4-52> 가설 6-1에 대한 검증

구분		경로 계수	S.E.	C.R.	가설 검증
미국 (휴대폰)	기능적 이미지(C1) → 태도(G1)	0.594	0.106	5.621**	채택
독일 (승용차)	기능적 이미지(E1) → 태도(G4)	0.645	0.171	3.78**	채택
일본 (휴대폰)	기능적 이미지(C2) → 태도(G2)	0.611	0.123	4.981**	채택
일본 (승용차)	기능적 이미지(E2) → 태도(G5)	0.76	0.142	5.333**	채택
한국 (휴대폰)	기능적 이미지(C3) → 태도(G3)	0.534	0.106	5.016**	채택
한국 (승용차)	기능적 이미지(E3) → 태도(G6)	0.697	0.296	2.35**	채택

** $p < .05$

(2) 상징적 이미지는 태도에 정의 영향을 미칠 것이다

상징적 이미지가 태도에 미치는 영향에서 미국, 독일, 일본, 한국 (휴대폰) 모형은 모두 유의적인 결과를 나타냈지만 한국(승용차) 모형은 유의적인 결과를 나타내지 못하였다. 한국Hyundai 승용차는 중국 시장진입 시 주로 저가격 전략을 많이 사용하였고 택시로 많이 사용하였기에 이러한 상징적인 이미지가 태도에 영향을 주지 못하는 것으로 풀이된다.

<표 4 - 53> 가설 6 - 2에 대한 검증

구분				경로 계수	S.E.	C.R.	가설 검증
미국 (휴대폰)	상징적 이미지(D1)	→	태도(G1)	0.345	0.113	3.05**	채택
독일 (승용차)	상징적 이미지(F1)	→	태도(G4)	0.385	0.11	3.494**	채택
일본 (휴대폰)	상징적 이미지(D2)	→	태도(G2)	0.253	0.078	3.248**	채택
일본 (승용차)	상징적 이미지(F2)	→	태도(G5)	0.513	0.15	3.429**	채택
한국 (휴대폰)	상징적 이미지(D3)	→	태도(G3)	0.443	0.23	1.926*	채택
한국 (승용차)	상징적 이미지(F3)	→	태도(G6)	0.053	0.262	0.202	기각

** $p < .05$

7) 가설 7에 대한 검증

─── 〈가설 7〉 ───
브랜드 이미지는 구매의도에 정의 영향을 미칠 것이다.

(1) 기능적 이미지는 구매의도에 정의 영향을 미칠 것이다

기능적 이미지가 구매의도에 미치는 영향은 독일 모형에서 유의적인 결과를 보였고 기타 모형에서는 모두 유의적인 결과를 나타내지 못하였다.

독일의 승용차의 기능적인 이미지가 중국 소비자들의 구매의도에 유의적인 결과를 미친다는 것은 독일 승용차에 대한 중국 소비자들의 신뢰성을 간접적으로 반영을 할 수 있다고 할 수 있다. 기능적 이미지가 기타 모형에서 유의적인 결과를 나타내지 못한 것은 기능적 이미지가 태도를 통하여 구매의도에 간접적으로 영향을 미치고 있는 것으로 풀이된다.

<표 4 - 54> 가설 7 - 1에 대한 검증

구분		경로 계수	S.E.	C.R.	가설 검증
미국 (휴대폰)	기능적 이미지(C1) → 구매의도(H1)	0.185	0.158	1.174	기각
독일 (승용차)	기능적 이미지(E1) → 구매의도(H4)	0.634	0.301	2.105**	채택
일본 (휴대폰)	기능적 이미지(C2) → 구매의도(H2)	0.011	0.13	0.084	기각
일본 (승용차)	기능적 이미지(E2) → 구매의도(H5)	- 0.311	0.171	- 1.816	기각
한국 (휴대폰)	기능적 이미지(C3) → 구매의도(H3)	0.12	0.135	0.888	기각
한국 (승용차)	기능적 이미지(E3) → 구매의도(H6)	0.465	0.464	1.002	기각

** $p < .05$

(2) 상징적 이미지는 구매의도에 정의 영향을 미칠 것이다

상징적 이미지가 구매의도에 직접적으로 미치는 영향은 일본 모형에서 유의적인 결과를 보이고 있다. 일본의 휴대폰이 중국 시장에서

전면적인 실패를 맞이하고 있는 상황하에서 이러한 결과는 의외라고 할 수 있지만 일본제품에 대한 중국 소비자들의 신뢰감을 실증적으로 나타낸 것으로 이해할 수 있다.

한국 휴대폰의 상징적 이미지가 구매의도에 직접적인 영향을 미치지 못한 것은 삼성제품의 저가격 제품의 많은 출시와 기타 브랜드의 경쟁이라고 볼 수 있다.

상징적 이미지가 구매의도에 대한 직접적인 영향도 태도를 통한 간접적인 영향이 더 많은 것으로 볼 수 있다.

<표 4-55> 가설 7-2에 대한 검증

구분		경로 계수	S.E.	C.R.	가설 검증
미국 (휴대폰)	상징적 이미지(D1) → 구매의도(H1)	0.04	0.143	0.279	기각
독일 (승용차)	상징적 이미지(F1) → 구매의도(H4)	-0.04	0.157	-0.256	기각
일본 (휴대폰)	상징적 이미지(D2) → 구매의도(H2)	0.281	0.081	3.461**	채택
일본 (승용차)	상징적 이미지(F2) → 구매의도(H5)	-0.116	0.15	-0.773	기각
한국 (휴대폰)	상징적 이미지(D3) → 구매의도(H3)	0.05	0.25	0.199	기각
한국 (승용차)	상징적 이미지(F3) → 구매의도(H6)	-0.252	0.384	-0.657	기각

** $p < .05$

8) 가설 8에 대한 검증

── 〈가설 8〉 ──────────────

태도는 구매의도에 정의 영향을 미친다.

태도가 구매의도에 미치는 영향은 모두 정의 경로계수로서 유의적인 결과를 보이고 있다. 태도와 구매의도에 대한 연구는 선행연구에서 많은 연구가 있는 것으로 이러한 결과는 예상안의 결과라고 말할 수 있다.

같은 결과로서 중국 소비자의 태도에 대한 영향이 구매의도에 긍정적인 역할을 함으로써 국가 이미지가 브랜드 이미지를 통하여 주는 간접적인 영향과 브랜드 이미지가 태도에 주는 직접적인 영향을 모두 간과하여 중국 시장에서의 마케팅 전략을 펼쳐 나갈 필요가 있다.

<표 4 - 56> 가설 8에 대한 검증

구분			경로계수	S.E.	C.R.	가설검증
미국 (휴대폰)	태도(G1)	→ 구매의도(H1)	0.66	0.17	3.888**	채택
독일 (승용차)	태도(G4)	→ 구매의도(H4)	0.569	0.236	2.41**	채택
일본 (휴대폰)	태도(G2)	→ 구매의도(H2)	0.678	0.122	5.535**	채택
일본 (승용차)	태도(G5)	→ 구매의도(H5)	0.884	0.124	7.123**	채택
한국 (휴대폰)	태도(G3)	→ 구매의도(H3)	0.995	0.183	5.45**	채택
한국 (승용차)	태도(G6)	→ 구매의도(H6)	0.639	0.212	3.013**	채택

** p < .05

제5장
결 론

제1절 연구결과의 요약 및 시사점

1. 연구결과의 요약

첫째, 미국, 독일, 한국 모형에 대한 검증 결과 세 개의 모형에서 국가 이미지와 국민 이미지의 상관관계는 유의한 결과를 보이고 있다. 즉 국민 이미지와 국가 이미지는 서로의 상호관계가 강하며 서로 영향을 준다는 것을 의미하고 있다. 본 연구결과는 국가적인 차원에서 국가 이미지에 상당한 영향을 주는 것은 국민 이미지라는 것을 간접적으로 증명하기도 한다.

둘째, 사회과학은 사회현상을 발견하고 해석하는 기능을 가지고 있다. 미국, 독일, 한국에 대한 가설검증 결과를 볼 때 일반적 국가 이미지의 차원은 국가에 따라 제품에 따라 유의적인 결과가 서로 다르다는 것을 알 수 있다. 본 연구의 미국 모형과 한국(승용차) 모형에서 일반적 국가 이미지는 기능적인 이미지에 모두 유의적인 결과를 보였지만 독일과 한국(휴대폰) 모형에서 일반적 국가 이미지는 제품의 기능적인 이미지에 유의적인 결과를 보여 주지 못하고 있다. 본 가설을 볼 때 독일, 일본, 한국(휴대폰) 모형에서 국민 이미지는 제품의 기능적 이미지에 미치는 영향은 모두 유의적인 결과를 보이고 있다. 미국 모형과 한국(승용차) 모형에서 국민 이미지가 제품의 기능적 이미지에 미치는 영향은 유의적이지 못하게 나왔다.

여기에서 알 수 있다시피 모든 국가의 전체적인 국가 이미지 차원에서 모두 기능적인 이미지에 영향을 준다는 것을 알 수 있다. 즉 일반적 국가 이미지는 독일과 한국(휴대폰) 모형에서 유의적인 결과를 보이지 않았지만 국민 이미지가 기능적인 이미지에 미치는 영향에서 독일과 한국(휴대폰) 모형은 유의적인 결과를 보이고 있다. 일반적인 국가 이미지에서 제품의 기능적 이미지에 영향을 미치지 못하면 국민 이미지에서 제품의 기능적 이미지에 영향을 미치는 것으로 되고 있다.

셋째, 일반적 국가 이미지가 상징적 이미지에 대한 영향은 한국 모형에서 모두 유의적인 결과를 보이고 있다. 한국의 국가 이미지는 브랜드의 상징적 이미지에 긍정적인 영향을 미친다는 이 결과를 볼 때 국가 이미지에 긍정적인 영향을 미칠 수 있도록 국가 차원의 대폭적인 지지가 필요하다. 한국정부 및 기업 차원에서 국가 이미지에 대한 긍정적인 영향을 확장해 나가는 것이 절대적으로 필요할 것이다. 국민 이미지가 상징적 이미지에 대한 영향에서 미국, 일본 모형이 모두 유의적인 결과를 보였고 독일과 한국 모형에서는 유의적인 결과를 미치지 못하였다.

전반적인 국가 이미지 차원에서 상징적 이미지를 볼 때 미국 모형은 일반적인 국가 이미지에서 상징적 이미지에 유의적인 결과를 미치지 못하였지만 국민 이미지에서 상징적 이미지에 유의적인 결과를 미치었다. 유일하게 독일 모형은 국가 이미지 차원에서의 일반적 국가 이미지, 국민 이미지 모두가 상징적 이미지에 유의적인 결과를 미치지 못하였다. 이것은 연구에서 독일 승용차에 대한 제품 선정에서 Volkswagen이 조사제품으로 된 것과 관계가 많다고 본다. 중국에서 Volkswagen이 고가격 승용차를 가지고 있지만 대중적인 저가격 승용차가 많고 택시를 제일 많이 사용하기 때문이다.

넷째, 일반적 국가 이미지가 태도에 미치는 영향에서 독일 모형에만 유의적인 결과를 보이고 있다. 미국 모형과 한국 모형에서는 모두 유의적인 결과를 미치지 못하였다. 이것은 중국 소비자들이 독일 자동차에 대한 전반적인 긍정적인 인식으로 풀이될 수 있다. 국민 이미지가 제품의 태도에 미치는 경로계수는 모우 유의적인 결과를 나타내지 못하였다. 이것은 단순한 국민 이미지로만 중국 소비자들이 제품에 대한 태도에 영향을 줄 수 없다는 것을 의미한다.

태도에 미치는 국가 이미지의 전반적인 영향에서 국가 이미지의 경로계수는 독일의 일반적 국가 이미지를 제외하고 모두 유의적인 결과를 미치지 못하고 있다. 국가 이미지가 소비자의 태도에 직접적인 영향을 미치기에는 주로 제품의 기능적 이미지와 상징적 이미지를 통하여 소비자의 태도에 영향을 미치는 것으로 보인다.

다섯째, 일반적 국가 이미지가 구매의도에 정의 영향을 미친다는 가설은 모두 유의적인 결과를 나타내지 못하였다. 이것은 제품의 구매의도에 대한 영향으로 일반적 국가 이미지의 직접 영향은 유의적이지 못한 것을 의미하고 있다. 국민 이미지가 제품의 구매의도에 미치는 영향은 미국 모형에서 유의적인 결과를 나타냈고 기타 모형에서는 유의적인 결과를 나타내지 못하였다.

국민 이미지가 구매의도에 미치는 직접적인 영향이 미국 모형에서만 유의하게 나타난 결과는 미국이 한국의 이동전화 시장을 진입할 때부터 휴대폰의 광고와 이미지 부각에서 외국인 모델을 주로 많이 쓴 것이 긍정적인 역할을 한 것으로 보인다.

여섯째, 기능적 이미지는 여섯 개의 모형에서 모두 유의적인 결과를 나타냈다. 이것은 중국 소비자들의 브랜드에 대한 태도가 기능적 이미지가 절대적인 영향력을 가지고 있다는 것을 의미하고 있다. 중국 소비자들의 기능적인 면을 중요시하는 실용적 면도 나타나고 있음을 의미한다.

상징적 이미지가 태도에 미치는 영향에서 미국, 독일, 일본, 한국(휴대폰) 모형은 모두 유의적인 결과를 나타냈지만 한국(승용차) 모형은 유의적인 결과를 나타내지 못하였다. 한국Hyundai 승용차는 중국 시장진입 시 주로 저가격 전략을 많이 사용하였고 택시로 많이 사용하였기에 이러한 상징적인 이미지가 태도에 영향을 주지 못하는 것으로 풀이된다.

일곱째, 기능적 이미지가 구매의도에 미치는 영향은 독일 모형에서 유의적인 결과를 보였고 기타 모형에서는 모두 유의적인 결과를 나타내지 못하였다. 독일의 승용차의 기능적인 이미지가 중국 소비자들의 구매의도에 유의적인 결과를 미친다는 것은 독일 승용차에 대한 중국 소비자들의 신뢰성을 간접적으로 반영한 것이라고 할 수 있다. 기능적 이미지가 기타 모형에서 유의적인 결과를 나타내지 못한 것은 기능적 이미지가 태도를 통하여 구매의도에 간접적으로 영향을 미치고 있는 것으로 풀이된다.

상징적 이미지가 구매의도에 직접적으로 미치는 영향은 일본 모형에서 유의적인 결과를 보이고 있다. 일본의 휴대폰이 중국 시장에서 전면적인 실패를 맞이하고 있는 상황하에서 이러한 결과는 의외라고 할 수 있지만 일본제품에 대한 중국 소비자들의 신뢰감을 실증적으로 나타난 것으로 이해할 수 있다.

한국 휴대폰의 상징적 이미지가 구매의도에 직접적인 영향을 미치지 못한 것은 삼성제품의 저가격 제품의 많은 출시와 기타 브랜드의 경쟁이라고 볼 수 있다. 상징적 이미지가 구매의도에 대한 직접적인 영향도 태도를 통한 간접적인 영향이 더 많은 것으로 볼 수 있다.

여덟째, 태도가 구매의도에 미치는 영향은 모두 정의 경로계수로서 유의적인 결과를 보이고 있다. 태도와 구매의도에 대한 연구는 선행 연구에서 많은 연구가 있는 것으로 이러한 결과는 예상안의 결과라고 말할 수 있다.

같은 결과로서 중국 소비자의 태도에 대한 영향이 구매의도에 긍정적인 역할을 함으로써 국가 이미지가 브랜드 이미지를 통하여 주는 간접적인 영향과 브랜드 이미지가 태도에 주는 직접적적인 영향을 모두 간과하여 중국 시장에서의 마케팅 전략을 펼쳐 나갈 필요가 있다.

2. 연구의 시사점

본 연구는 국가 이미지와 브랜드 이미지가 태도에 대한 영향 그리고 더 나아가서 구매의도에 대한 영향을 분석하였다.

본 연구의 조사대상으로 된 국가는 네 개의 국가였고 제품은 두 개 유형과 여섯 개의 브랜드이며 중국 소비자들이 제일 관심사항이 많은 제품과 브랜드를 선정하여 조사하였다.

연구는 국가 이미지가 브랜드 이미지뿐만 아니라 태도 및 구매의도에 직접적인 영향을 줄 수 있다는 증거를 내놓았다. 독일 모형에서 일반적 국가 이미지는 태도에 직접적인 영향을 주었고 미국 모형에서 국민 이미지는 구매의도에 직접적인 영향을 미치고 있다.

이러한 연구결과는 국가 이미지 차원에서 소비자의 구매행동에 미치는 영향은 주로 브랜드 이미지를 통하여 미치는 간접적인 영향이 주로 많지만 국가 이미지의 직접적인 영향도 있을 수 있다는 것을 의미한다.

본 연구는 국제적인 사회에서 국가적인 이미지가 기업의 제품 및 브랜드 이미지에 충분한 영향을 줄 수 있다는 것을 보여 주고 있으며 소비자의 태도와 구매의도에도 직접적인 영향을 미친다는 것을 보여 주고 있다.

이러한 연구결과를 볼 때 기업 차원에서 타국시장에 진입 시 국가 및 제품 따른 국가 이미지의 부각과 회피의 전략이 불가피하다고 볼 수 있다.

또한 국가적인 차원에서 국가 이미지에 대한 긍정적인 인식은 국제 경영시대의 기업과 브랜드 이미지에 대한 제일 중요한 하나의 영향력이라고 할 수 있다.

제2절 연구의 한계점 및 향후 연구방향

1. 연구의 한계점 및 의의

본 연구의 한계점은 다음과 같다.

첫째, 국가 이미지와 국민 이미지에 대한 인과관계연구를 진행하지 못하였다는 것이다. 국가 이미지와 국민 이미지에서 어떠한 관계차원을 형성하는 문제는 국가의 전략적 차원에서 의의가 있다고 생각이 된다.

둘째, 구매행동을 연구하는 요인에서 공헌적인 요인을 나타내지 못하였다. 즉 소비자의 구매행동을 연구하는 데 요인들의 새로운 조합과 새로운 인과관계의 발견과 해석을 하였지만 태도와 구매의도에 효과를 미치는 국가적인 차원의 국민 이미지 외의 더욱더 구체적인 직접적인 요인이 있을 것 같다. 국가의 문화 혹은 역사 등 요인도 시도할 만한 요인인 것 같다.

셋째, 본 연구는 기존 네 개 국가의 국가 이미지에 대한 연구를 하였고 국가 이미지가 브랜드 이미지에 대한 영향을 연구하였지만 국가적인 차원의 전략적인 방향제시가 부족하고 브랜드 이미지가 국가 이미지에 대한 반대 방향적인 연구가 없다.

이러한 연구의 한계점도 불구하고 본 연구에 아래와 같은 의의를 부여하려고 한다.

첫째, 국제적인 사회에서 국가적인 이미지가 기업의 제품 및 브랜드 이미지에 충분한 영향을 줄 수 있다는 것을 보여 주고 있으며 소비자의 태도와 구매의도에도 직접적인 영향을 미친다는 것을 보여 주고 있다. 또한 국제사회에서 자국의 국가 이미지에 대한 긍정적인 부각은 국제경영시대의 기업과 브랜드 이미지에 미치는 제일 중요한 하나의 영향력이라고 말할 수 있다.

둘째, 국가 이미지 차원에서 소비자의 구매행동에 미치는 영향은 주로 브랜드 이미지를 통하여 미치는 간접적인 영향이 주로 많지만 국가 이미지의 직접적인 영향도 있을 수 있다는 것을 의미한다.

셋째, 연구결과를 통한 구체적인 마케팅 전략을 세울 수 있는 근거를 제공하여 주었다. 즉 국가 이미지 혹은 브랜드 이미지가 소비자의 태도 및 구매의도에 미치는 구체적인 상황에 따라 국가 이미지를 부각시키거나 전략적으로 회피하는 구체적인 마케팅 전략을 세울 수 있다.

2. 향후 연구방향

첫째, 국가적인 차원에서의 국가 이미지에 대한 연구를 계속할 필요가 있다. 국제사회에서 국가 이미지는 모든 국제 활동에 영향을 주기 마련이다. 국가 차원에 입각하여 국가 이미지에 긍정적인 영향을 미치는 선행요인을 연구할 필요가 있고 실제적으로 실시할 필요가 있다. 본 연구에서는 오직 국민 이미지를 따로 분류하여 국가 이미지 차원의 더욱 구체적인 영향을 탐색하기에 노력하였지만 두 요인의 상관관계분석에만 만족하였다. 그리고 본 연구에서는 국가 이미지가 브랜드 이미지에 주는 영향을 분석하였지만 더욱 나가서 기업 이미지가 국가 이미지에 주는 반대방향의 연구도 진행할 필요가 있다고 생각된다.

둘째, 실증적인 연구에 기초한 국가적 혹은 기업적인 구체적인 전략적 방향을 제시할 뿐만 아니라 Input과 Output, 더욱 중요한 Process에 필요한 구체적인 제시가 필요하다.

셋째, 브랜드 이미지의 선행요인인 국가 이미지뿐만 아니라 기업의 행위 및 제품에 영향을 미치는 다른 차원의 요인 탐색이 필요하다고 생각이 된다. 물론 이와 같은 탐색은 꾸준히 실행되고 있고 학문자체의 특징 및 학자로서의 사회현상의 탐색 및 해석은 영원한 주제일 것이다.

참고문헌

국내문헌

김원수(1981), 「광고학개론」, 경문사, p.84.

남양호(2004), 원산지 및 브랜드 이미지가 다국적 제품 선호도평가에 미치는 영향에 관한 연구, 경희대학교 박사학위논문.

안광호, 한상만, 전성률(1999), 「브랜드 관리이론과 응용」, p.224.

이학식, 안광호, 현용진(1998), 「마케팅 시장 전략 접근」, 법문사, p.126.

이학식(2005), 「마케팅조사」, 법문사, pp.465 – 480.

여호근(2000), 관광태도 결정이 지속가능한 관광지 선택에 미치는 영향, *한국산업경제학회*, 제13권 제2호, p.363.

염성원(2003), 한국의 국가 이미지 연구동향에 관한 연구, *광고학연구*, 제14권 제3호.

안종석(2005), 다차원적 속성의 국가 이미지가 제품평가 및 브랜드 태도에 미치는 영향: 중국 소비자를 중심으로, *국제경영연구*, 제16권 제2호, PP.64 – 65.

이봉수(1997), 국가 이미지와 브랜드개성이 상품선택에 미치는 영향, 성균관대학교 박사학위논문.

조성겸(1990), Fishbein의 다차원 태도 모형의 타당성에 관한 검증연구, 서울대학교 대학원 박사학위논문.

정경태(1983), 「마케팅관리론」, 법문사, pp.528 – 529.

정재영·이봉수(1999), 국가 이미지와 브랜드 개성이 상품선택에 미치는 영향, *국제통상연구*, 제4권 제1호.

한충민·이병우(1992), 미국소비자의 외국산 제품 구매결정 모형에 관한 연구, *국제경영연구*.

황화철(2002), 심리적 거리와 국가 이미지가 소비자의 지각된 위험과 성과에 미치는 영향, 부산대학교 박사학위논문.

한일수(1992), 상품이미지가 선택결정에 미치는 영향에 관한 실증적 연구, 인하대학교 박사학위논문.

한일수(1992), 상품 이미지가 구매결정에 미치는 영향에 관한 실증적 연구: 승용차를 중심으로, 인하대학교 박사학위논문.

한상린·성형석(2006) 온라인 공동구매에서의 구매 동기와 태도에 관한 연구 마케팅 연구, 제21권 제1호, 2006년 3월, pp.119 - 150.

한일수(1992), 상품 이미지가 선택결정에 미치는 영향에 관한 실증적 연구, 인하대학교 박사학위논문.

국외문헌

AMA(1960), Marketing Definitions: A Glossary of Marketing Terms. *American Marketing Association.*

Al‐sulaiti. Khalid. I. and e Backer. J. M.(1988) "Country of Origin Effects: A Literature Review." *Marketing Intelligence & Planning.* 16(3). pp.150 - 199.

Alexandar L Biel(1993), "Converting Image into Equity", 『Brand Equity & Advertising: Advertising's Role in Building Strong Brands』, *Lawrence Erlbaum Associates*, pp.67 - 82.

Alexandar L. Biel(1993), "Converting Image into Equity", 『Brand Equity & Advertising: Advertising's Role in Building Strong Brands』, *Lawrence Erlbaum Associates*, p.72.

A. R. Oxenfeldt(1967), Executive Action in Marketing, Belmont California, Word and Worth Publishing Company, Inc, pp.86 - 87.

Ajzen. I. & Fishbein. M. (1980) *Understanding attitudes and predicting social behavior. Englewood Cliffs.* NJ: prentice Hall.

Anderson. W. T, and Cunningham, W. H.(1972). Gauging Foreign Product.

Assael, H, Consumer Behavior & Marketing Action(1992) PWS‐KENT Publishing Company, p.651.

Bilkey, Warren J. and Erik Nes(1982), "Country‐of‐origin effects on product evaluations" *Journal of International Business Studies.* 13(1). pp.89 - 99.

Cordell, V.(1992), "Effects of Consumer Preferences of Foreign Sourced Products", *Journal of International Business Studies*, Vol.23 No.2, pp.251 - 269.

D. Dobni and G. M. Zinkhan(1990), "In search of Brand Image: A Foundation Analysis", *Aduances in Conumer Research*, Vol, 17, pp.110 - 118.

Etzel, M. J. and Waller B. J.(1974), "Advertising Strategy for Foreign Products",

Journal of Advertising Research, Vol.14, No.3, pp.41 – 44.

Erickson, G. M., Johansson, J. k., & Chao. P.(1984). Image variables in multi – attr – ibute product evaluations: Country – of – origin effects. *Journal of Consumer Research*, 11, pp.694 – 699.

G.B.SProles, L. V. Geistfield, & S. B. Bandenhop(1980), "Types and Account of Information on Used by Efficient Consumer", *The Journal of Consumer Affairs*.

Han, C. Min(1988), "The role of consumer patriotism in the choice of domestic versus foreign products" *Journal of Aduertising Research,* 28(June / july), pp.25 – 32.

Hong, S. T., Wyer Jr., R.S.,(1989). Effects of country – of – origin and product – attribute information on product evaluation: An information processing perspective. *Journal of Consumer Research* 16, pp.175 – 187.

Han C. M.,(1989), "Country Image: Halo or Summary Construct?" *Journal of Marketing Research*, pp.222 – 229.

Hu. Li – Tze & Peter M Bentler(1995). "Evaluating Model Fit" in Rick H. Hoyle(Ed). *Structural Equation Modeling.* Thousand Oaks, Ca: SAGE Publications. Inc.

Jean – Claude Usunier(2003), Relevance Versus Convenience in Business Research: The Case of Country – of – Origin, *Research in Marketing.*

Johansson, Johny, and Nebenzahl(1986), Israel D.: Multinational Production: Effect on Brand Value. *Journal of International Business Studies* 17 (3).

Kevin. Lane Keller(1998), Strategic Brand Management: Building, Measuring, and Managing Brand Equity, Prentice Hall, p.94.

Nagashima, Akira(1977), "A Comparative 'Made in –' Product Image Survey Among Japanese Businessmen", *Journal of Marketing*, July, 41, pp.68 – 74.

Narayana, Chem L.(1981), "Aggregate Images of American and Japanese Products: Implications on International Marketing", *Columbia Journal of World Business*, Summer, 16, pp.31 – 35.

Papadopoulos, N.,(1993). What product and country images are and are not. In: Papadopoulos, N., Heslop, L.A. Eds., Product country Images: Impact and Role in International Marketing. *International Business Press*, New York, pp.3 – 38.

Peterson, R.A., Jolibert, A.J.P.,(1995). A meta – analysis of country – of – origin effects. *Journal of International Business Studies* 26(4), pp.883 – 900.

Promotion. *Journal of Marketing Research*, Vol.12, pp.24 – 34.

Parameswaran. R and Pisharodi, R. M.(2002), "Assimilation Effects in Country Image Research", *International Marketing Review*, 19(3), pp.256 – 278.

Papadopoulos, N., L. Heslop and G. Bamossy(1990), "A Comparative Image Analysis of Domestic Versus Imported Products", *International Journal of*

Research in Marketing, Vol.7, No.4, pp.283 – 294.

P. Cattin, A. Jollbert and C. Lohnes, "A Cross – Cultural Study of 'Made in Concepts'", Journal of International Business Studies, Vol.13, Winter 1982, pp.131 – 141.

Roth, M. S. and J. B. Romeo(1992), "Matching Product Category and Country Image Perceptions: a Framework for Managing Country – of – Origin Effects", *Journal of International Business Studies*, Vol.23, No.3, pp.477 – 498.

R.C. Tonberg,(1972). "An Empirical Study of Relationships Between Dogmatism and Consumer Attitudes Toward Foreign Products." Ph.D. Dissertation, Texas A & M University.

Roth, Martin S., and Romeo, Jean B(1992). "Matching Product Category and Country – of – Origin Effects", *Journal of International Business* Studies 23 (2).

Samiee, Saeed(1994): "Customer evaluation of products in a global market", *Journal of International Business Studies*, 25(3), 582 – 3.

Schooler, Robert D.(1965) "Product bias in the Central American Common Market" *Journal of Marketing Research,* 4(November), pp.394 – 397.

Samiee, Saeed(1994): "Customer evaluation of products in a global market", *Journal of International Business Studies*, 25(3), 582 – 3.

Tse D. K., Gorn GJ. An experiment on the salience of country – of – origin in the era of global brands. J Int Mark 1993;11:57 – 76.

Terry Clark(1990), International Marketing and National Character: "A Review and Proposal for an Integrative Theory", *Journal of Marketing*, pp.66 – 79.

T. J. Reynolds, & J. Gutman(1984), "Advertising is Image Mannagement", *Journal of Advertising Research.*

W. J. Bilkey, and E. Nes(1982), "Country – of – Original Effect on Product Evaluation." *Journal of International Marketing*, Vol.3:1, pp.89 – 99.

Wang, Chih Kang(1978), *The Effect of Foreign Economic, Political and Cultural Environments on Consumers' Willingness to Buy foreign Products*, Doctoral Dissertation, Texas A & M university.

William B. Dodds, Kent B. Monroe, and Dhruv Grewal(1991), "The Effects of Price, Brand, and Store Information on Buyers' Product Evaluations", *Journal of Marketing Research*, 28(August), pp.307 – 319.

Zeynep, G. C and M. Durairaj(2000), "Consumers Research; International Business Enterprises Social aspects; Motivation(psychology)", *Journal of Consumer Research*, Vol.27, p.96.

· 저자 ·

주경철   ·약 력·
朱京哲   東北師範大學校 學士
          國立木浦大學校 碩士; 博士修了
          現 嘉興大學校(Jiaxing University) 專任講師

          ·주요논저·
          中國流通經濟論(譯書, 2002)외 論文 多數

국가와 브랜드이미지

· 초판 인쇄   2008년 12월 10일
· 초판 발행   2008년 12월 10일

· 지 은 이   주경철
· 펴 낸 이   채종준
· 펴 낸 곳   한국학술정보㈜
             경기도 파주시 교하읍 문발리 513-5
             파주출판문화정보산업단지
             전화   031) 908-3181(대표) · 팩스   031) 908-3189
             홈페이지   http://www.kstudy.com
             e-mail(출판사업부)   publish@kstudy.com
· 등   록   제일사
· 가   격   18,000

ISBN   978-89-534-7779-7 93320 (Paper Book)
       978-89-534-7780-3 98320 (e-Book)